*Geopolíticas de la cultura finisecular en
Buenos Aires, París y México:
las revistas literarias y el modernismo*

Adela Pineda Franco

ISBN: 1-930744-24-2
© Serie *Nuevo Siglo*, 2006
Instituto Internacional de Literatura Iberoamericana
Universidad de Pittsburgh
1312 Cathedral of Learning
Pittsburgh, PA 15260
(412) 624-5246 • (412) 624-0829 FAX
iili@pitt.edu • www.pitt.edu/~hispan/~iili

Colaboraron en la preparación de este libro:

Composición y diseño gráfico: Erika Braga
Corrector: Adrian Tavoulari
Diseño de portada: David Wallace

Índice

Introducción 9

Capítulo I

Con Rubén Darío en Buenos Aires: el caso de
la *Revista de América* 21

1. La *Revista de América* en el contexto transatlántico ... 22
2. La *Revista de América* al interior del campo cultural
   argentino 40

Capítulo II

Los cronistas hispanoamericanos del *Mercure
de France* 53

Capítulo III

El modernismo frente al orden del progreso
en la *Revista Azul* 81

Capítulo IV

Del interior modernista al foro público: la
Revista Moderna en sus dos épocas 105

1. Del arte por el arte al lujo del arte: los lectores cosmopolitas de la revista 106
2. Del modernismo al Ateneo de la Juventud 119
3. El legado positivista: la historia y la educación 122

Epílogo 129

Bibliografía 135

Agradecimientos

La elaboración de este libro en sus diversas etapas a lo largo de varios años se debe al apoyo afectivo e intelectual de mi familia, mis amigos, mis mentores y profesores, mis alumnos. Mi agradecimiento a todos ellos: Susana Camille Plotts Pineda, Carlos Pineda Linton (*in memoriam*), Susana Franco González, Boris Corredor, Waldo Lloreda, Edward Simmen, Brian Plotts, Mabel Moraña, Christopher Middleton, Naomi Lindstrom, Enrique Fierro, Fred Ellison, Lily Litvak, José Cerna Bazán, Mauricio Tenorio, Rafael Olea Franco, Pedro Ángel Palou, Aníbal González Pérez, Belem Clark de Lara, Elisa Speckman, Pablo Sánchez, Juan Manuel Labarthe, Fabián Torres, Ana Bazsdresch, Ignacio Sánchez Prado. También reconozco el apoyo solidario de mis colegas de la Universidad de Boston, así como el respaldo de varias instituciones: la Biblioteca Benson y el Instituto de Estudios Latinoamericanos de la Universidad de Texas, la Universidad de las Américas-Puebla, la "Humanities Foundation" de la Universidad de Boston y la Biblioteca Widener de la Universidad de Harvard.

A Susi

Introducción

Reflexionar sobre el sentido de inmediatez y permeabilidad de prácticas culturales y literarias ya extintas, motivó la escritura de este libro. Las revistas literarias, destinadas a no perdurar desde su lanzamiento, son vehículos idóneos para llevar a cabo tal reflexión. Al recorrer las páginas de aquellas aparecidas hacia finales del siglo diecinueve, uno se percata de que letra e imagen se dan la mano para evocar los aires de la modernidad: sentencias positivistas y poemas modernistas se suceden al lado de las poses decimonónicas del pudor femenino, o junto al trazo decadentista de algún ilustrador que decide poner su talento al servicio de la emergente publicidad. Poemas, crónicas, reseñas y otros géneros están dispuestos para ser leídos de manera álgida e inmediata, bajo una sensación de actualidad, anacrónica para quien hoy día intenta reconstruir, cual arqueólogo de la letra, los caducos tiempos modernos. ¿De qué manera establecer un puente entre esta lectura y la de sus receptores iniciales, lecturas no necesariamente cronológicas ni tampoco concienzudas; lecturas de café y de salón, de "hombres cultos" y de "señoritas," de bohemios y de positivistas?

Al tratarse de revistas finiseculares ligadas al campo cultural hispanoamericano, el criterio inicial fue el de situar la investigación dentro de los estudios dedicados al modernismo, uno de los periodos literarios más abordados y polemizados. Desde este campo de estudios, las publicaciones periódicas han sido aproximadas como evidencias historiográficas y filológicas para el rescate de textos inéditos o primeras versiones de obras ya conocidas, como fuentes para establecer parentescos estéticos entre autores, y como instrumentos para rastrear la evolución de este movimiento literario en términos de su tradicional periodización en dos etapas.[1] Más recientemente, se han estudiado como vehículos metodológicos para situar el modernismo en la confluencia de otros discursos (el filosófico, el periodístico o el histórico, por mencionar algunos) y entenderlo en relación a la modernidad.[2] Fue desde este ángulo que se inició la valoración de la prosa y de géneros híbridos asociados al modernismo como la crónica, que se reflexionó sobre la accidentada profesionalización del escritor modernista frente a la política

---

[1] A partir de *Breve historia del modernismo* (Max Henríquez Ureña 1954), el estudio del modernismo se sistematizó frecuentemente en dos etapas. La primera fue caracterizada como "el culto preciosista [...] que culmina en refinamiento artificioso y en inevitable amaneramiento," la segunda, como el periodo en que "el lirismo personal alcanza manifestaciones intensas ante el eterno misterio de la vida y de la muerte" (31). En cuanto al estudio filológico de las revistas, los estudios de Boyd G. Carter citados en la bibliografía son representativos.

[2] Los estudios que interpretan el modernismo en relación a la modernidad han proliferado bajo diversas perspectivas, desde aquellos que situaron el modernismo dentro de la lírica moderna europea, como los de Octavio Paz (*Los hijos del limo*) hasta aquellos que abordaron la relación en términos sociocríticos (Ángel Rama, Rafael Gutiérrez Girardot y Françoise Perus). Más recientemente, Cathy Jrade ha reiterando que el modernismo, en sus múltiples versiones, constituye la primera respuesta literaria hispanoamericana a la modernidad. Iris Zavala, desde un ángulo poscolonial y culturalista, interpreta el modernismo, más allá de lo estrictamente literario y de la esfera de la alta cultura, como la expresión latinoamericana del "modernism", proyecto decolonizador del expansionismo capitalista. Sin embargo, la relación modernismo-modernidad no es un hallazgo contemporáneo, fue abordada tempranamente por Baldomero Sanín Cano, quien definió el modernismo como "una tendencia general de la hora" (*Letras colombianas* 177), Juan Ramón Jiménez, "una actitud" (Gullón, *Direcciones* 30) y Federico de Onís, "la forma hispánica de la crisis universal de las letras" (182). Todos ellos cancelaron una periodización esquemática del movimiento.

y al mercado, y que se revaluó el cosmopolitismo del movimiento en relación a los imaginarios nacionales finiseculares, o a la movilidad instaurada por la democratización de la cultura.[3] De la línea crítica interdisciplinaria de estos últimos enfoques, se deduce que las revistas son espacios dinámicos en donde la literatura se yuxtapone a otros discursos en un estado de tensión y de constante negociación, enfoque vigente hoy día en el campo de los estudios literarios y culturales latinoamericanos no privativos del modernismo.[4]

No obstante, hasta la fecha y salvo escasas excepciones, las revistas asociadas al modernismo no se han considerado objeto de estudio en sí mismas. Por ello, había que reajustar el criterio metodológico y otorgarles centralidad: visualizarlas como generadoras de diversas posiciones intelectuales, sociales, artísticas, políticas, y no únicamente modernistas. Con ello, el libro no sólo habría de dialogar con la crítica literaria sobre el modernismo, sino con la historia y la sociología, para reflexionar sobre la complejidad de toda una época cultural, aquella que concluyó al expirar el siglo de las utopías del progreso positivista con la inesperada violencia de las conflagraciones bélicas del siglo XX como fueron la Primera Guerra Mundial y la Revolución Mexicana.

Se presentó entonces la necesidad de establecer criterios de diferenciación respecto a la función de las revistas estudiadas. Se constató que no todas las publicaciones periódicas asociadas con el modernismo constituyeron formaciones literarias, si por este término se alude,

---

[3] Sobre la re-valoración de la prosa modernista, valga citar a Ricardo Gullón, Manuel Pedro González, Ivan Schulman y Aníbal González Pérez. Sobre la profesionalización del escritor y la reflexión sociocrítica del modernismo, Pedro Henríquez Ureña, Julio Ramos y los citados Rama, Perus y Gutiérrez Girardot. Dada la magnitud del corpus crítico sobre el modernismo, en este estudio se dialoga únicamente con aquellos enfoques relevantes para la lógica argumentativa del mismo.

[4] Consultar Jorge Schwartz y Roxana Patiño, quienes introducen el número 208-209 de la *Revista Iberoamericana*, dedicado a revistas del siglo XX.

siguiendo el criterio de Raymond Williams, a las asociaciones en torno a movimientos de carácter menor, caracterizadas por la ausencia de una regulación ortodoxa al interior.[5] Las hubo además institucionales, ya fuera por ejercer una geopolítica de la literatura en un contexto transnacional, o bien por vincularse a las políticas culturales de una nación-estado y fungir como instrumentos ideológicos de un régimen en particular. Finalmente, también las hubo comerciales, productos de sociabilidad burguesa dentro de un periodismo que se pretendía empresarial y no partidista.

Desde esta perspectiva, el análisis se nutre de conceptos y estrategias metodológicas ya ensayadas en otros contextos, como los de Williams, para el estudio del grupo Bloomsbury, y los de Pierre Bourdieu, para la reconstrucción del campo cultural francés decimonónico. Las reiteradas nociones de formación y campo, por ejemplo, provienen respectivamente de estos autores.

Con estas consideraciones en mente, se analizan cuatro publicaciones de diversa índole producidas en contextos heterogéneos: en Buenos Aires, la *Revista de América* (1894), en París, el *Mercure de France* (1890-1933),[6] y en México, la *Revista Azul* (1894-96) y la *Revista Moderna* en sus dos épocas (1898-1911). Se sugiere que las condiciones materiales de producción y circulación de las revistas, la posición de sus productores en el campo cultural, sus negociaciones con otros campos y su inscripción geopolítica, son factores determinantes para la lectura de sus mensajes modernistas. Estos cambian de sentido de acuerdo al contexto de su enunciación y de sus lecturas. Por ejemplo, no es lo mismo declararse cosmopolita y artepurista desde las secciones suplementarias del *Mercure de France* en París, con la intención de apelar a un público francés

---

[5] Consultar "The Bloomsbury Fraction" en *Problems in Materialism and Culture* (148-69) y "Formations", en *Culture* (57-86).
[6] La revista no desaparece sino hasta 1965. Pero fue en 1933 que Francisco Contreras, el último de los cronistas latinoamericanos estudiados, dejó de escribir para esta revista.

indiferente de la incipiente modernidad hispanoamericana, que hacerlo desde la hegemónica *Revista Moderna* en el México de Porfirio Díaz para un público citadino, afluente y confidente de la prosperidad de su régimen. Debido a sus particularidades, cada una de estas revistas posibilita un ángulo específico de lectura; desde el análisis de discursos en estado de latencia, pasando por la indagación de la trayectoria individual de un escritor en particular, hasta la exploración del papel de la revista en turno respecto a la transmisión de una cultura dominante. Por ello, cada capítulo gira en torno a una revista específica.

El primer capítulo explora de qué manera la efímera y magra *Revista de América* contribuyó a establecer las bases de una literatura autónoma, representativa, no únicamente de Argentina sino de toda América Latina, precisamente debido a la propuesta cosmopolita, juvenil y artepurista que sostuvo. El papel de Buenos Aires, ciudad de inmigrantes, heterogénea y cosmopolita, y el de Rubén Darío (Nicaragua 1867-1916), productor y agente de consagración de la revista, son decisivos.

Se estudia la trayectoria del nicaragüense, es decir, la serie de posiciones que este ocupaba en el campo literario argentino y en el contexto transnacional al momento de la aparición de esta revista. De esta manera, la publicación proporciona el terreno discursivo para evaluar la mediación de Darío entre el decadentismo francés e inglés, y la recepción peninsular. El propósito es observar no sólo la intervención de este escritor como innovador de la literatura hispanoamericana a partir de sus estrategias literarias, sino como el agente social que, a partir de la concertación con diversas instancias de la cultura, la política y el mercado, dentro y fuera de Hispanoamérica, estableció las bases para la futura canonización del por entonces emergente movimiento modernista. La revista entonces funciona como un plano que ofrece varias pistas para la reconstrucción de la trayectoria dariana; al mismo tiempo, permite darle dimensión histórica a esta trayectoria, al posibilitar la identificación de las instancias que la autorizan.

Por otra parte, la revista también se lee como espacio/signo de un grupo de contornos aún imprecisos, ese que Darío empezaba a reunir en torno suyo. Esto se constata a través de una exploración de los cruces y contradicciones de discursos y agentes al interior de la revista, pero también fuera de ella, en formaciones e instituciones aledañas. El eclecticismo que la caracteriza es leído de dos maneras: como evidencia del carácter embrionario del programa autonomista y fundacional que propone este grupo, pero también como estrategia dariana de concertación con otros sectores, con el fin de llevar a cabo precisamente este programa.

En el segundo capítulo se discute la propuesta artepurista y cosmopolita del modernismo fuera de Hispanoamérica, en París, sede del cosmopolitismo finisecular y lugar donde se congregaron aquellos escritores hispanoamericanos que, con tomas de posición específicas, expresaron la necesidad de hacerse acreedores del título "cosmopolita" con el reconocimiento de los lectores europeos. El caso de estudio es el *Mercure de France*. La decisión de escoger esta revista y no una hispanoamericana publicada en París, se debe a que, al ser representativa de la hegemonía cultural francesa en la arena internacional, constituye un caso ejemplar para reflexionar sobre los procesos de inserción de las prácticas literarias latinoamericanas en las dinámicas globales de la cultura europea. Gran parte de la crítica sobre el modernismo ha destacado la productividad literaria (y también el carácter fundacional) de este movimiento en términos de esta inserción, al postularla como re-elaboración innovadora de la tradición hispana a partir de una filiación con el decadentismo y el simbolismo franceses. En gran medida, el primer capítulo reflexiona sobre esta perspectiva en la trayectoria bonaerense de Darío. No obstante, desde la experiencia de la modernización, y en el contexto de producción y circulación de los bienes simbólicos del campo cultural francés, la filiación modernista al simbolismo y su tácito rechazo a la herencia peninsular, reacia al influjo "mercurial", se complica sencillamente por su condición periférica frente a ambos campos.

Por ello, se toma en cuenta el carácter de suplemento que ocupó la literatura hispanoamericana en esta enciclopédica revista, en una magra sección dedicada a las letras hispanoamericanas, dirigidas por tres escritores en diversos periodos: el venezolano Pedro Emilio Coll, el argentino Eugenio Díaz Romero y el chileno Francisco Contreras. El amplio marco temporal que acota la práctica cronística de estos escritores (1897-1933) permite dos aproximaciones: primero, el análisis de las tomas de posición de Coll y Díaz Romero frente al crítico de cabecera de la revista, Remy de Gourmont, y a su principal antagonista, Miguel de Unamuno en España, con el fin de ingresar al inhóspito campo literario francés; segundo, el de las estrategias de Contreras para historiar el modernismo como origen y fundamento de la literatura moderna hispanoamericana a partir de una ideología mundonovista. Pese a sus diferencias, en ambos periodos los cronistas comparten la convicción de su precariedad frente al público europeo; esta toma de conciencia es otra forma de entender su anhelado cosmopolitismo.

En los capítulo tres y cuatro se abordan dos revistas asociadas, no sólo al modernismo, sino también al régimen de Porfirio Díaz en México, mejor conocido como Porfiriato (1876-1911) al ser este un periodo histórico bien demarcado por una praxis política y económica, la del liberalismo; una cultura, la del positivismo, y una sociedad burguesa cuya utopía, la del orden y progreso, vino a ser desmantelada por una revolución campesina. Si bien ambas revistas fueron vehículos de la primera renovación moderna de la literatura hispanoamericana, también era evidente que recrearon el imaginario cultural de esta utopía porfiriana, no sólo a través de la literatura, sino de diversos géneros, saberes e intenciones.

En tanto suplemento cultural de *El Partido Liberal*, un periódico subsidiado por el régimen de Díaz, la *Revista Azul* promovió una recepción de sus contenidos heteróclitos favorable al consenso estatal, destacó y medió la recepción de ciertos autores asociados con el modernismo, y reorientó el credo artepurista y decadentista que enarbolaba programáticamente hacia una simbología de valores regenerativos, encaminados a promover el progreso nacional, ya fuera desde la visión positivista que caracterizó la administración porfiriana, o desde la ética católica recuperada por la cultura hegemónica como medida de control social. Este es el objetivo del tercer capítulo, además de destacar la doble función de la obra del fundador, Manuel Gutiérrez Nájera, como proclama literaria artepurista y, a la vez, ideario del progreso porfiriano. Al respecto, se documenta la recepción de sus contribuciones, destacando el proceso de su promoción y canonización después de su prematura muerte acaecida en 1895.

Por último, se aborda la voluminosa *Revista Moderna* en sus dos épocas (1898-1911) a partir de la autoconcepción inicial (decadentista) de sus fundadores en términos de su apelación a un lector modelo, para después explorar, en textos e imágenes de diversa índole provenientes de la misma revista, la creciente capacidad de esta para diversificarse y atraer a un público más amplio. En este sentido se destaca su agencia múltiple y contradictoria como formación literaria antiburguesa, como publicación seriada de lujo en un mercado, como vehículo de comunicación social dentro de un periodismo empresarial, y como instrumento ideológico del régimen de Díaz.

El papel de esta publicación en la producción e institucionalización de la cultura como práctica pedagógica, social y política, así como en la reproducción de una esfera pública sustentada en costumbres y hábitos encaminados a fortalecer los mitos del régimen, es uno de los argumentos centrales del capítulo. Por ello, el análisis considera otros discursos en la revista, como el histórico y el educativo, así como la importancia de sus recursos visuales. El libro concluye con una reflexión sobre los límites de este enfoque y sobre sus posibles implicaciones en el campo del modernismo y de los estudios sobre la cultura hispanoamericana finisecular.

NOTA

El tercer capítulo se deriva de la disertación doctoral *Positivism and Literary Modernismo ni Mexico: Encounters and Displacements. The Case of Revista Azul (1894-1896)*, presentada en la Universidad de Texas. Otras referencias preliminares a este capítulo son los ensayos "Positivismo y decadentismo: el doble discurso en Manuel Gutiérrez Nájera y su *Revista Azul*" y "El afrancesamiento modernista de la *Revista Azul*". El artículo "Ser o no ser decadente en la *Revista de América*" adelanta algunas de las hipótesis del primer capítulo de este libro. Por último, el cuarto capítulo tiene sus antecedesntes en "El cosmopolitismo de la *Revista Moderna* (1898-1911): una vocción porfiriana" y en "Más allá del interior modernista: el rostro porfiriano de la *Revista Moderna* (1903-1911)", este último, próximo a salir en el número especial *Cambio cultural y lectura de periódicos en el siglo XIX en América Latina* de la Revista Iberoamericana. Estas referencias se citan en la bibliografía.

Capítulo I

Con Rubén Darío en Buenos Aires: el caso de la *Revista de América*

La *Revista de América*, fundada en Buenos Aires por Rubén Darío y Ricardo Jaimes Freyre (Bolivia 1868-1933) en agosto de 1894, fue una publicación efímera, escueta, de magra publicidad y de circulación irregular. Únicamente sobrevivió tres números; cada número estaba formado por escasas veinte páginas carentes de ilustraciones y de un tamaño poco manipulable de 18 por 24 centímetros. A pesar de anunciarse como "Quincenal de Letras y Artes" los únicos tres números aparecieron en fechas espaciadas: el 19 de agosto, el 5 de septiembre y el primero de octubre.[7] En su *Autobiografía*,[8] Darío destaca las limitaciones económicas de esta empresa editorial así como la carencia de un círculo de lectores que la consolidara (112). Con ello alude al universo antieconómico que define la ideología del arte puro según Pierre Bourdieu (*Field* 127), es decir, a la relación inversamente proporcional entre la

---

[7] El precio de la subscripción mensual era de un peso. Los números sueltos se anunciaban en cincuenta centavos. No se han encontrado datos sobre su tiraje.

[8] Originalmente Darío publicó *La vida de Rubén Darío escrita por él mismo* en la revista venezolana *Caras y Caretas*, entre septiembre y noviembre de 1912. Más tarde, estas memorias fueron re-editadas en Barcelona (1915) (Anderson Imbert 15-16). Enrique Anderson Imbert las compiló bajo el título *Autobiografía*, en el volumen *Autobiografías*, que reúne los tres escritos autobiográficos de Darío más sobresalientes. Es esta la edición que se cita.

rentabilidad de la revista en el mercado y la cotización de su capital simbólico en la escala del arte.

Al tratarse de una publicación artepurista de mínimo impacto en el terreno de la industria cultural y desligada de un proyecto nacional específico, tiene más sentido estudiarla en relación al proyecto de un solo autor, el de Rubén Darío en la Argentina. La primera parte del capítulo aborda este proyecto, no con el objetivo de celebrar la muy reiterada canonicidad de este escritor, sino de evaluar sus negociaciones transatlánticas que posibilitaron su autopromoción como fundador de la modernidad literaria en Hispanoamérica. Se rastrean las fuentes de sus crónicas sobre literatura europea, principalmente las que versan sobre el concepto de decadencia y que no han sido analizadas hasta la fecha (el caso del escritor inglés Richard Le Gallienne). Las aproximaciones de Darío a estas fuentes son leídas en relación a su hábil manejo de la crítica antimodernista peninsular.

En la segunda parte del capítulo, se estudia la revista a la luz de otras formaciones e instituciones al interior del campo cultural argentino. Se resalta el eclecticismo de la publicación, el cual se interpreta, primero, como prueba del carácter embrionario de la formación modernista liderada por Darío en ese momento y, segundo, como el mapa que prefigura el carácter concertado que habría de caracterizar este movimiento una vez asentada su consolidación.

1. La *Revista de América* en el contexto transatlántico

Pese a su calidad efímera, la *Revista de América* sostenía una meta ambiciosa: convertirse en una publicación que rebasara las fronteras de Argentina al ser leída entre lectores de variados países, pero selectos, puesto que habrían de conformar una comunidad en torno a vehículos de difusión de índole similar: "esas revistas que encierran los anhelos, las tendencias y los triunfos de la juventud americana" (Darío, "Revistas" 59). Tales "anhelos" se refieren a un cosmopolitismo sectario, es decir, a la predilección de estos jóvenes por asimilar tendencias de la literatura europea por entonces consideradas menores, como el decadentismo; así lo expresa Darío en su *Autobiografía* (113).

La asimilación del archivo europeo decadente por parte de los productores de la revista no se llevó a cabo sin mediaciones ni desplazamientos. La interpretación ambivalente de Darío del concepto de decadencia en el contexto francés e inglés, y su respuesta concertada a la crítica peninsular reacia al influjo decadentista, como la de Juan Valera, así lo atestigua. Con esta ambivalencia y desde la plataforma de la *Revista de América*, Darío se posiciona ya como hábil mediador cultural, promoviendo su ingreso a la historia literaria con una propuesta geopolítica desde el campo de la literatura: la de invertir la relación de dependencia España-Hispanoamérica con criterios más cercanos a las tendencias universalistas del simbolismo que a las sectarias del decadentismo, como se verá a continuación.[9]

---

[9] Los términos decadencia, decadentismo y simbolismo fueron utilizados de manera indiscriminada durante el siglo XIX. Aquí se establece una distinción a *grosso modo*. El término decadencia es utilizado con la terminología francesa en mente (*décadence*), porque fue con esta acepción que la idea de decadencia cultural se trasladó a diversos escenarios, europeos y latinoamericanos, como un derivado de la ideología de la modernidad, pero también como su crítica. Al aludir al estilo literario de la decadencia, popularizado en formaciones efímeras de la Francia finisecular, se elige el término decadentismo. Simbolismo es referido, de manera concreta, en relación al programa literario ("Symbolist manifesto" 1886) de Jean Moreas, quien sustituyó el término decadentismo y decadencia por el de simbolismo como medida de legitimación para su efímero movimiento. No obstante, también se aborda en un sentido amplio, como el concepto que posibilitó la internacionalización y la canonización de la decadencia cultural y del decadentismo en los albores del siglo XX. Sobre la decadencia cultural en relación a la modernidad y sobre su empleo como estilo literario (decadentismo) en el escenario europeo, consultar Matei Calinescu (151-221). Sobre los diversas sentidos del término en Europa, Ian Fletcher, Richard Gilman, Eugene Weber, Jean Pierrot, E.A.

La interpretación dariana de estos términos está relacionada en la revista con su posición frente a los colaboradores ubicados en escenarios transatlánticos: Salvador Rueda, en España, y Enrique Gómez Carrillo, en Francia. El andaluz Rueda es incluido con el poema "La cofradía del silencio" en el primer número, porque su poesía habría de dar cuenta de la europeización de España. Para los escritores asociados a Rubén Darío en Argentina, la europeización del idioma era sinónimo de afrancesamiento y presuponía el ingreso hispanoamericano a la escena literaria moderna al otro lado del Atlántico. Por aquella época, Darío no sólo emparentaba a Rueda con el modernismo presentándose como su cofrade ante la incomprensión de la crítica castiza reacia al influjo modernizador que él instauraba, además se posicionaba por encima del escritor andaluz, asumiendo el papel de crítico autorizado para evaluar sus aciertos y desaciertos.[10]

Carter. Sobre la internacionalización del simbolismo en el siglo XX, Anna Balakian y René Wellek.

[10] En un artículo publicado el 12 de agosto de 1894 en el periódico montevideano *La Razón,* Darío declara a Rueda "nuestro representante en España" ("'Revista Americana'" 49). El 23 de septiembre de 1894, en el mismo periódico, Darío afirma que Rueda es "jefe del movimiento modernista en la Península" ("Salvador Rueda" 63); agrega que el andaluz "no tiene [...] las simpatías de todos los viejos maestros" y menciona a Campoamor, Núñez de Arce y Clarín como detractores (63). Respecto a la manera en que Darío utiliza, en beneficio propio, los juicios de Clarín para ingresar a la polémica con su propia obra, consultar el artículo "Pro Domo Mea", publicado en *La Nación*. En "Salvador Rueda", Darío también alude al riesgo en que incurre el andaluz al escribir mucho y sin calidad (64), con ello establece su distancia crítica. Según Edelberto Torres (222-28) y Teodosio Fernández (86-8), el distanciamiento entre ambos escritores ocurre durante la estancia de Darío en la España del 98. Torres Bodet sitúa la rivalidad con anterioridad, durante la primera estancia de Darío en España, en una velada organizada por Juan Valera, donde el nicaragüense leyó un poema-prólogo al recién publicado libro de Rueda, superándolo (98-9).

La lectura que Darío hace de Rueda es sintomática de su estrategia por acrecentar prestigio y capital simbólico en el contexto transnacional. En general, Darío establece una valoración inversamente proporcional a la ejercida por la crítica peninsular tradicional, sobre la obra, no sólo de Rueda, sino de un conglomerado de escritores emergentes, principalmente hispanoamericanos. De esta manera funda un nuevo canon literario. Dentro de la lógica de este canon, la obra de Darío aparece como síntesis y paradigma del proyecto modernizador. Esta figuración se constata en su *Autobiografía* y en muchos otros de sus escritos así como en sus actos públicos, durante y después de su estancia en la Argentina. Las siguientes palabras de *El canto errante* (1907) aluden a su manipulación estratégica de la crítica adversa en beneficio de la obra propia: "Con el montón de piedras que me han arrojado pudiera bien construirme un rompeolas que retardase en lo posible la inevitable creciente del olvido" (Darío, *Canto errante* XXIV).[11]

La *Revista de América* puede ser leída como una de estas estrategias de legitimación en la trayectoria del nicaragüense después de su transformación en Chile.[12] Darío mismo promociona la revista en el periódico montevideano *La Razón*, como su respuesta personal al llamado cultural finisecular, momento de la internacionalización de la literatura hispanoamericana: "se pide levante mi voz en nombre de mis compañeros" ("'Revista Americana'" 48). En esta crónica, declina proclamar un programa literario personal y niega ser "jefe de escuela"

---

[11] Del poema "Dilucidaciones" (*Canto errante* IX-XXVI). Sylvia Molloy ("Ser y decir en Darío") cita estos versos en su interpretación del poema liminar de *Cantos de vida y esperanza*, "Yo so aquel que ayer no más decía", como una productiva respuesta a los juicios que Rodó expresa en "Rubén Darío, su personalidad literaria, su última obra", texto publicado a manera de prefacio en *Prosas profanas*.
[12] La etapa chilena ha sido leída como la de la transformación del poeta-civil al poeta profesionalizado. Consultar Rama (*Rubén Darío*), Fernández (24-37) y Matamoro, (*Rubén Darío* 17).

(49); en lugar de ello, propone una empresa grupal que es la revista. De esta manera se opone a la difundida práctica de escribir manifiestos. Sin embargo, esta actitud no significa que la revista no sea portadora de un espíritu manifestario dado su carácter programático y proyectivo,[13] ni que Darío deje de subrayar la importancia de su influjo innovador en la Argentina, figurándose como poeta errante. Para 1896, año de *Prosas profanas* y también de *Los raros*, el presidente del Ateneo, Rafael Obligado, habría finalmente de ratificar y celebrar la importancia de Darío, al presentarlo ante los miembros de esta prestigiada asociación con las siguientes palabras:

> Este poeta no es un argentino ni es en realidad un americano. Su musa no tiene patria en el continente; la tiene en el seno de la belleza. Su índole es refractaria a la frontera geográfica como al límite de los tiempos [...] Su musa realiza la leyenda del judío errante, pero con agilidad perpetua, con ímpetu juvenil, sin el cansancio sudoroso de la tradición hebraica. Toda nuestra América lo ha visto pasar [...] palmas juveniles [...] le han enviado el aplauso resonante de la victoria. (Barcia, 32-33)

Esta figuración de Darío como poeta errante y ecuménico está íntimamente ligada con la de Buenos Aires, que al filo del 900 se despojaba de su designación de Gran Aldea para convertirse en Cosmópolis.[14] En el manifiesto inaugural de la revista, "Nuestros propósitos", Buenos Aires es descrita como "la ciudad más grande y práctica de la América

---

[13] En las "Palabras liminares" de *Prosas profanas* (47-50), Darío utilizará la misma lógica dos años después. Un análisis al respecto está en Yurkievich ("El efecto manifestario, una clave de modernidad").

[14] Sobre las transformaciones de Buenos Aires durante las últimas décadas del siglo XIX y principios del XX, consultar: Blas Matamoro, *La casa porteña*, Charles S. Sargent, *The Spatial Evolution of Greater Buenos Aires*, James R. Scobie, *Buenos Aires. Plaza to Suburb, 1870-1910* y Horacio Vázquez-Rial, ed. *Buenos Aires. 1880-1930. La capital de un imperio imaginario*.

Latina" (1).[15] Estos atributos se manifiestan a lo largo de los tres números desde diversas perspectivas. Julio Lucas (Bolivia, 1845-Buenos Aires 1914), bajo el seudónimo de Brocha Gorda, centra su descripción bonaerense, de raigambre costumbrista,[16] en el puerto viejo, sinécdoque de una ciudad estridente que conjuga los mataderos de Chicago con el glamour de París ("Buenos Aires pintoresco" 26-28).[17] Al introducir la visión libresca de un pintor decadentista en el medio obrero e inmigrante que el cronista-narrador describe con su "brocha gorda", Buenos Aires es también el campo cultural que posibilita la discusión en torno a las discrepancias estéticas e ideológicas entre el realismo y el decadentismo, entre la modernidad y la tradición. En "El Anarquista", José María Miró, conocido literariamente como Julián Martel (Buenos Aires 1867-1896), reproduce, con su representación de Buenos Aires, la lógica del capitalismo y su inequidad social. La ciudad es hogar del buen burgués pero también del irreverente anarquista (11-16). Finalmente, la encuesta "La cuestión social contemporánea", enviada a los directores de los periódicos más importantes en la Argentina y publicada en el primer número de la revista, constata que Buenos Aires es "grande y práctica" por convertirse en centro de irradiación de un periodismo diversificado, tendiente a la industrialización, y que enlaza el mundo entero (17-19).[18] En este sentido, Buenos Aires es emblema significativo de la contradicción que define el modernismo de manera más contundente: precisamente

---

[15] Este artículo inaugural es firmado por "la Dirección", de aquí que en la bibliografía se cite por título.

[16] Sobre el costumbrismo porteño, consultar Ernest Lewald (526) quien lo define más allá de lo literario como registro histórico, sociológico y psicológico de Buenos Aires.

[17] La comparación de esta ciudad con Chicago y París prolifera en la época; Howard Fraser la detecta en varias colaboraciones de *Caras y Caretas* (3-4).

[18] Los diarios encuestados son: *La Nación, La Prensa, El Correo Español, Le Courier de la Plata, L'Operatio Italiano, Le Petit Journal* y *Argentinisches Tageblat*.

por ser grande y práctica se convierte en sede de la estética que habría de cuestionar la marginación de la literatura ante la modernización.[19]

Por otra parte, no podía existir mejor escenario para una propuesta "de índole refractaria a la frontera geográfica" (Barcia 32) como la de Darío, que una ciudad heterogénea, situada al borde del Atlántico. Y es que en la revista, la literatura no respondió a la recreación simbólica de la ciudadanía argentina. Ni Darío ni Jaimes Freyre, ni muchos de sus allegados colaboradores como Gómez Carrillo, podían representar al escritor nacional. Sus agendas culturales y estéticas no eran viables en sus respectivos países. Por ello hicieron de la capital argentina el contexto alternativo para lanzar un manifiesto que los integrara en términos panamericanistas: América para los hispanoamericanos a través de la literatura. En su análisis de algunos manifiestos de revistas vinculadas con el modernismo, Gerard Aching resalta la intención de los modernistas de fundar una comunidad doble: la de artistas pero también la hispanoamericana. En estos manifiestos, el cosmopolitismo modernista aparece ligado de una u otra forma a la nota criolla, y constituye una manera de balancear la relación de desigualdad de los hispanoamericanos con las metrópolis en el terreno del arte (142). Por ello, Aching concibe el modernismo como el primer movimiento transnacional de identidad cultural. La *Revista de América* es el caso que mejor ilustra su hipótesis (137).[20]

---

[19] En una semblanza necrológica a Miró publicada en la revista *Buenos Aires* en 1898, Darío celebra la erección de un busto de piedra del joven escritor argentino "en la gran Buenos Aires de los comerciantes y de los industriales de la Bolsa y del Sport [...] para que no muera del todo en esta tierra el amor a la poesía" ("Julián Martel" 105). Consultar además, de Darío, "Hierro" y "Literatura argentina. La Atenas del Sur. Su somnolencia actual", así como las palabras de bienvenida a la Argentina que Julio Piquet le brinda a Darío (Barcia I, 27).

[20] La figuración panamericanista como conciencia nacional se dio, fuera de lo literario, desde la Colonia. Benedict Anderson alude a la fatalidad compartida

Como ya se ha señalado, Darío esboza esta intención fundacional y mundializadora de la literatura hispanoamericana a partir de su filiación decadentista. En la *Revista de América* tal filiación se hace evidente a través de su visión de la crítica literaria como una forma de creación, subjetiva y sensorial, y de la literatura, como una forma de potenciar la facultad crítica, enfoque afín al de Charles Baudelaire (*L'art romantique* 1869) y al de Oscar Wilde (*Intentions* 1891). No es de extrañar que en la revista predomine la crónica, por ser el género más vinculado con el ejercicio de esta facultad.[21] En el citado artículo, "'La Revista Americana'", Darío presenta al cofundador de la misma, Jaimes Freyre, y a un asiduo colaborador, Enrique Gómez Carrillo, como los exponentes de este nuevo quehacer crítico, porque son: "los llamados a exponer y hacer comprender, fuera de la obra propia, la obra de todos los que hoy luchamos en el continente, por el triunfo de un ideal de belleza" (49).[22]

---

de los criollos por no haber nacido con el privilegio político-social de ser peninsulares (62-63).

[21] Aníbal González Pérez supone que el modernismo no sólo incorpora la crítica literaria a su campo de acción convirtiéndose en literatura que habla de sí misma, sino que adopta una visión del lenguaje como artefacto, y una visión universalista y trascendental del conocimiento (*Journalism* 85). No obstante, el forzado encuentro de esta literatura y el periodismo produce la crónica, cuya productividad deriva de su parcial autonomía; es decir, del cuestionamiento de lo periodístico desde la literatura, o bien de los límites de lo literario (autónomo) desde el periodismo. Sobre la crítica literaria en la revista representativa de la modernidad al sustentarse en presupuestos hermenéuticos variables, consultar José Ismael Gutiérrez, "La crítica literaria".

[22] Refiriéndose a Jaimes Freyre, Darío se vale de un término controvertible, el de decadente, para describir su labor crítica: "Este joven decadente –¡habría que llamarlo así! que sabe de historia y letras como muy pocos de nuestros viejos maestros, ha señalado en América una nueva senda para la crítica, acompañado en esto de Enrique Gómez Carrillo" ("'Revista Americana'" 49). Se deduce de esta cita que Darío legitima la crítica decadente de Jaimes Freyre al posicionarla como superior al origen que la desautoriza: la crítica de los viejos maestros.

En la *Revista de América*, Jaimes Freyre publica reseñas así como textos en prosa poética, pero principalmente se destaca por su papel de poeta y traductor.[23] En realidad, son las crónicas de índole crítico-literaria escritas por Gómez Carrillo las que mejor ejemplifican la convocatoria de Darío a hacer nueva crítica, particularmente si éstas se leen en relación a las del propio nicaragüense. Ambos escritores se apropian del discurso decadente europeo como práctica oposicionista en el campo de la cultura hispanoamericana. No obstante, sus intervenciones son disímiles; la diferencia estriba en la manera en que los cronistas interpretan lo decadente en relación a lo simbolista durante el estado de latencia que caracterizaba el ambiente cultural del momento.

Darío aborda el tema de la decadencia en dos números consecutivos de la *Revista de América* con un preámbulo al estudio de Gabriel D'Annunzio, estudio que nunca llega a elaborar dada la desaparición de la revista.[24] En "Gabriel D'Annunzio. I. El poeta", el nicaragüense elige el mismo tono polémico que habría de caracterizar su colección de semblanzas *Los raros* así como las "Palabras liminares" (*Prosas profanas* 47-50) en 1896. Tal tono es consecuente con el objetivo del cronista: descalificar los juicios de Richard Le Gallienne sobre la influencia "materializadora" (31) y degradante de la decadencia en el campo de la literatura.

---

[23] Dos reseñas aparecen en el segundo número, una sobre la traducción de la *Divina Comedia* del General Mitre y otra sobre *Problemas de fonética resueltos según un nuevo método* de Eduardo de la Barra. También publica, en el primer número, "La poesía legendaria: Karl el Grande" y, en el segundo, "Mosaicos bizantinos". Mediante un uso estratégico del espacio y la tipografía, la revista destaca, en su tercer número, el poema "Castalia bárbara". Este poema prefigura la colección *Castalia bárbara* (1897). Jaimes Freyre también traduce el prólogo del poema "Daphné" de Emmanuel Signoret.

[24] "Un esteta italiano. Gabriel D'Annunzio" y "Gabriel D'Annunzio. I. El poeta".

Darío tiende a purgar lo decadente de sus connotaciones negativas a partir de un desplazamiento de esta negatividad, en tanto sistema de valores y gustos, hacia la coherencia de un programa estético que, si bien difuso, se inscribe en el amplio rubro del idealismo. En este sentido, su defensa a la decadencia se arma bajo una perspectiva regenerativa. Más que en una afirmación del modelo contracultural que instaura la decadencia como declive, perversidad, neurosis, afeminamiento o degeneración,[25] la aproximación del término en esta crónica se sustenta en una contraposición ya abordada por el mexicano Manuel Gutiérrez Nájera bajo la influencia del romanticismo en la década del 70: la del arte frente al materialismo.[26] Al aminorar los rasgos "materialistas" que Le Gallienne asignaba al decadentismo, tales como el culto a la forma y al color, y subrayar la universalidad y la espiritualidad del movimiento ("Gabriel D'Annunzio. I. El poeta" 31), Darío se aproxima a la lectura de Jean Moreas que, con la mira de eludir las acepciones negativas del apelativo decadente en torno a su propia obra, había declarado en 1885 que: "Les prétendus décadents cherchent avant tout dans leur art [...] le pur Concept et l'éternel Symbole" (Guy Michaud 331). Como en el caso de Moreas, Darío también respondía a juicios previos sobre su obra y figura. Recuérdese que fue a partir de *Azul* (Chile 1888) que el

---

[25] Del sentido implícito en la etimología latina de decadencia como declive (*cadere*, o sea caer), surgió la noción de "era decadente" a partir de la caída del imperio romano. Este sentido se generalizó durante la segunda mitad del siglo XIX en Europa a partir de las teorías evolucionistas. Consultar Weber, Gabriela Mora y Pierrot. Paul Bourget fue el primero en vincular la decadencia cultural como declive con un estilo literario productivo (Calinescu 171). Sobre la relación del signo decadente en términos de género (afeminamiento) en el ámbito latinoamericano, consultar Molloy, "Too Wilde for Comfort" y "The Politics of Posing".

[26] Consultar, de Gutiérrez Nájera, "El arte y el materialismo". Boyd Carter (*Estudio*) lo considera uno de los primeros manifiestos modernistas (78-79).

término decadente ingresó al ámbito hispanoamericano ligado a su nombre, desencadenando numerosas polémicas.[27]

La perspectiva de Darío en la citada crónica se relaciona con la tendencia universalista que habría de caracterizar la difusión del simbolismo en otros escenarios al despuntar el nuevo siglo. Por ejemplo, en 1899, el galés Arthur Symmons optó por el rubro "symbolist" en el título de su libro *Symbolist Movement in Literature*, con el fin de consolidar su previa tarea de portavoz del difuso y devaluado corpus decadente de la literatura francesa en Inglaterra (Ellmann XII-XIII). En el campo cultural francés, a partir de libros como *Le symbolisme: essai historique sur le mouvement symboliste en France de 1885-1900* (1911), de André Barre, y de los tres volúmenes de *Message poétique du symbolisme* (1947), de Guy Michaud, el simbolismo fue historiado como un movimiento amplio, pero subdividido en periodos, considerando la decadencia como una etapa difusa, previa a la simbolista. En estos libros se manifiesta la tendencia a diferenciar el fenómeno literario "simbolista" de sus secuelas "decadentes" en el ámbito socio-cultural. Los enfoques comparatistas posteriores sostuvieron perspectivas eurocentristas no muy distantes de las mencionadas, al subrayar la condición de acontecimiento crucial del simbolismo, momento en que la literatura abandonó las fronteras nacionales para asumir las premisas colectivas de la cultura occidental.[28]

Esta disquisición es pertinente porque permite abordar la intervención de Darío en retrospectiva, como la de un hábil mediador cultural que, desde la *Revista de América*, ya anticipaba su incorporación a la historia literaria, no como el radical afrancesado decadente (a pesar de su entonces acendrado "galicismo mental"), sino como el simbolista

---

[27] En el prólogo a *Azul*, Eduardo de la Barra escribe: "¿Es Rubén Darío *decadente*? Él lo cree así; yo lo niego" (XV). Sobre la recepción del decadentismo en Hispanoamérica, consultar Allen Phillips y Jorge Olivares.

[28] Balakian, *Symbolist Movement: A Critical Appraisal* (67) y Wellek, "What is symbolism".

universal que habría de fundar la literatura moderna en español a ambas orillas del Atlántico.

Volvamos ahora al blanco de Darío en la citada crónica: la crítica positivista o periodística y, por ende, mal informada; ésa, conformada por el "scholar" ("Gabriel D'Annunzio. I. El poeta" 31) o, como escribiría más tarde, por el "Celui-qui-ne comprend-pas" (*Prosas profanas* 47), y que Darío visualiza en la figura de Le Gallienne. La figuración de su supuesto adversario inglés es producto de una lectura estratégica, un "error" interpretativo del archivo europeo. Si bien Le Gallienne manifestó repetidas veces su antagonismo a la versión francesa del decadentismo en el campo literario inglés,[29] también es cierto que él mismo comulgó con el ambiente de los estetas británicos finiseculares: fue miembro del club de los rimadores, amigo de Oscar Wilde y asiduo colaborador del *Yellow Book*. Pese al discutido boicot a Wilde por parte de este magazine, las "Prose Fancies" de Le Gallienne, ahí publicadas, se proyectaron como una estratégica defensa al arresto del escritor irlandés en 1895.[30] Con un estilo epigramático, evocador del de Wilde, Le Gallienne señala en "The Arbitrary Classification of Sex" que: "You have no right to ask a poem or picture to look manly or womanly, anymore than you have any right

---

[29] En su difundido poema "The Decadent to his Soul" (*English Poems* 1892), Le Gallienne satirizó la figura vulgarizada del esteta decadente (Decker 27). En 1892, Le Gallienne también escribió una crítica a la decadencia como "euphoristic expression of isolated observations" (Beckson 134).

[30] El *Yellow Book* no incluyó a Wilde entre sus colaboradores porque las políticas editoriales de convertir esta revista en una publicación que rebasara las fronteras de nacionalidad, género, clase e ideología, eran incompatibles con el temperamento sectario e individualista de Wilde (Stetz 12). Al momento de su arresto, los periódicos habían reportado, erróneamente, que Wilde llevaba bajo el brazo un *Yellow Book*. Si bien los productores de la revista tomaron medidas para prevenir el desprestigio, también hicieron de la polémica un incentivo promocional. Este es el caso de las "Prose Fancies" de Le Gallienne (34-35).

to ask a man or a woman to look manly or womanly" (Stetz 35). Su figura pública de apariencia hermafrodita y poética, así como la connotación afeminada y afrancesada de su nombre, eran el código para leer su filiación con Wilde, epítome, en obra y figura, de la decadencia europea.[31] Nada más alejado de la lectura que Darío presenta de Le Gallienne como "scholar", "escritor inglés al cual causan espanto los jóvenes del Yelow (sic) Book" ("Gabriel D'Annunzio. I. El poeta" 31).

En el texto citado por Darío, *The Religion of a Literary Man* (1893), Le Gallienne presenta una defensa al cristianismo a raíz de una polémica librada en la tribuna periodística con Robert Williams Buchanan.[32] Lejos de ser ortodoxa, la defensa de Le Gallienne se funda en el descrédito de las instituciones cristianas, católica y protestante, con criterios derivados de la revolución copérnica que él celebra, paradójicamente, como indispensable para la llegada del verdadero cristianismo. De aquí que la recepción de este libro en el contexto inglés haya sido igualmente polémica.[33] Entre otras cosas, Le Gallienne niega la existencia de la vida eterna después de la muerte (centro de la polémica con Buchanan) así como la definición de los principios del bien y el mal como categorías ontológicas y no relativas (*Religion* 29). En este sentido, desacredita la moralidad pre-establecida y se adscribe, pese a sus renuencias decadentistas, a la fenomenología de la sensibilidad decadente. De la ineficacia del simbolismo religioso institucional frente a lo desconocido (llámese naturaleza, poesía o Cristo) surgen también, en la opinión de Le Gallienne, las nuevas tendencias estéticas (82). En este sentido las

---

[31] William Rothenstein lo caracterizó como "Botticelli's Head of Lorenzo" (Hyde xxi). Según Mix, Le Gallienne agregó a su nombre el prefijo "le" incentivado por el propio Wilde (83).

[32] A raíz de su libro *The Wandering Jew* (1893), atacado inicialmente por Le Gallienne en *Daily Chronicle* (11 enero 1893) y en *The Star* (12 de enero 1893).

[33] El *Methodist Times* lo describió como "eloquent, poetic, delightful […] everything except Christian" (Decker 8).

reivindica, aunque finalmente las supedite a su cristianismo, concebido como el vehículo de un simbolismo más universal, "less based on provincial historical associations" (81).

Lo que Le Gallienne objeta de la decadencia francesa (sus ejemplos son Baudelaire, Téophile Gautier y Paul Verlaine) es su afinidad con un radicalismo filosófico, consecuencia extrema del espíritu relativista instaurado por la revolución copérnica (90). Desde este ángulo, define la decadencia cultural: "It attempts the delineation of certain things and aspects in vacuo, isolated from all their relations to other things and their dependence on the great laws of life" (90). Tal interpretación evoca la crítica de Nietzsche a Wagner sobre su perversión del gusto musical a partir de la disociación de las partes integrales del ritmo.[34] La lectura nietzschieana de Wagner tiene sus antecedentes en las hipótesis del filósofo francés Paul Bourget (Calienscu 186), quien interpretó la decadencia como un discurso antinacional y antimoralista por su propensión hacia la anarquía, es decir hacia la desintegración de las partes de un todo concebido como organismo social.[35] No obstante, a diferencia de Nietzsche, y también de Le Gallienne, Bourget fundaba (y también celebraba) la fecundidad literaria de la decadencia precisamente en su naturaleza anárquica: "Si les citoyens d'une décadence sont inférieurs comme ouvriers de la grandeur du pays, ne sont-ils pas très supérieurs comme artistes de l'intérieur de leur âme?" (Bourget 27). Con los criterios arriba mencionados, es claro que la objeción a la *décadence* de Le Gallienne

---

[34] "[...] it is a typical *symptom of deterioration*, a proof that life has withdrawn from the whole and is *luxuriating* in the infinitesimal. 'Phrase marking' would, accordingly, be the symptom of a decline of the organizing power [...] a symptom of incapacity to bridge *big* areas of relations rhythmically [...] it would be a *decadent* form of rhythm" ("To Carl Fuchs" 307).

[35] "Si l'énergie des cellules devient indépendante, les organismes qui composent l'organisme total cessent pareillement de subordonner leur énergie à l'énergie totale, et l'anarchie qui s'établit constitue la décadence de l'ensemble" (Bourget 25).

era una expresión más de la generalizada reflexión finisecular sobre el estado de crisis instaurado por la modernidad, y de las tensiones entre diversas posiciones intelectuales (alemanas, inglesas y francesas) sintomáticas de una geopolítica europea expresada en el ámbito de la cultura. Nada de lo anterior es abordado por Darío en la citada crónica. No obstante, su propia insistencia en una visión integral y totalizadora del arte ("Gabriel D'Annunzio. I. El poeta" 31) lo relaciona, no con el anarquismo filosófico que Le Gallienne objeta, sino con su pensamiento ultimadamente trascendentalista.

Desde un ángulo socio-crítico, Le Gallienne también impugna el decadentismo francés como exceso de la democratización de la literatura y de la vulgarización de lo subversivo. Sobre todo, se jacta de no comulgar con su materialismo, su propensión efectista del gusto por la forma, es decir, por su culto a las apariencias. Es esta interpretación la que Darío rescata de todo el libro para impugnarla, citando en traducción a Le Gallienne y aislando el comentario de sus premisas fundamentales.[36] Irónicamente, Darío lo acusa de materialista, ubicándolo en el terreno del "periodismo" y de "la crítica oficial" por escribir un libro de intención ecléctica, tildado de "ensalada rusa […] con salsa inglesa" ("Gabriel D'Annunzio. I. El poeta" 31).

La metáfora culinaria es irónicamente significativa porque permite abordar las contradicciones del propio Darío frente a la decadencia. En la *Revista de América*, estas contradicciones se ponen de manifiesto al contrastar su posición a la de Gómez Carrillo, celebrado por Darío mismo como el nuevo crítico de la revista. Al respecto, valga una última cita de Le Gallienne, también de factura culinaria. Refiriéndose al prototípico

---

[36] "Es bastante curioso que en nuestros días, entre aquellos que son llamados artistas decadentes, la influencia del sentido de la Belleza se afirma, no como una influencia 'espiritualizadora' sino, al contrario, como una influencia 'materializadora' y degradante" (Darío, "Gabriel D'Annunzio. I. El poeta" 31; Le Gallienne, *Religion* 89).

decadente, afirma que "the appreciation he expects is no different in kind, and little in degree, from that we give to a choice dish or a new liqueur" (*Religion* 89-90). Curiosamente, es precisamente a través de este estereotipo que el guatemalteco Gómez Carrillo se representa en sus memorias: "tomé un libro de Verlaine, descorché la botella de champagne y voluptuosamente me embriagué de vino y de poesía" (*Treinta años* 215). Como es de notar, en Gómez Carrillo la decadencia no se limita a la especificidad literaria sino también se refiere a los valores y gustos compartidos de una comunidad de dandis y rastacueros ubicada en París. Esta postura también se manifiesta en la *Revista de América*, con las semblanzas de varios escritores agrupados bajo el rubro "Los poetas jóvenes de Francia".[37]

En la primera de estas crónicas ("Los poetas jóvenes de Francia" *Revista de América* 1/1: 4-9), Gómez Carrillo define simbolismo como la función específica de un tropo literario: "buscar una imagen que exprese un estado de alma" (6). En cambio, entiende el término decadencia como una manera de ser y actuar que se expresa en términos espacio-temporales: París, "Lutecia histérica" de "placeres ignorados" (6). Decadencia, forma de sociabilidad parisina, constituye el único común denominador de las individualidades poéticas que el guatemalteco introduce.

Por ello, más que establecer límites y diferencias entre el parnasianismo y el simbolismo como movimientos literarios (Carter "La 'Revista de América'" 35), Gómez Carrillo presenta una reseña impresionista tendiente a destacar atributos concomitantes a la ideología de lo moderno, tales como individualismo, actualidad y novedad. Desde París, el guatemalteco familiariza a un público hispanoamericano poco

---

[37] Los poetas reseñados son, en el primer número, Jean Moreas y Maurice de Plesis; en el segundo, Adolphe Retté, Saint-Pol-Roux y Henri de Regnier, y en el tercero, Charles Morice, Ernest Reynaud y Stuart Mill. Es de notar que no todos nacieron en Francia. Consultar bibliografía.

especializado con una literatura hasta entonces inaccesible. Subraya la "rareza" de la misma; no obstante, neutraliza esta condición al equiparar rareza con París, y otorgar a la obra de los "perversos, escépticos y enfermizos," un atributo nivelador que finalmente la hace poco substancial: el de "interesantísima" ("Los poetas jóvenes de Francia" *Revista de América* 1/1: 6). En este sentido, la labor de crítico que Gómez Carrillo lleva a cabo es la de un coleccionista de rarezas. Por ejemplo, al referirse a Maurice du Plesis, señala: "Yo que soy más capaz de apreciar sus excentricidades que de estudiar su obra" (9). En sus memorias, el guatemalteco hacía de París el gran texto de esta ecléctica colección: "Sin ningún elemento de topografía, colocaba todo lo que era agradable en un solo *quartier*, mezclando las escuelas con los bailes públicos y el esplendor de los boulevares con el encanto de la bohemia" (*Treinta años* 167).

Ya María Luisa Bastos y Cristóbal Pera han abordado la condición del guatemalteco como *bricoleur* y como exhibicionista.[38] En su estudio sobre el guatemalteco, Bastos alude a la importancia de la frivolidad como el relieve más "real" de un espíritu de época (63). Con París y Gómez Carrillo, la *Revista de América* comulga con ese espíritu, llamémoslo "decadente", al presentarlo como contramodelo social de las prácticas culturales tradicionales. No obstante, como hemos visto, dicho contramodelo se enuncia en contradicción con la postura trascendentalista que presenta Darío a través de su lectura estratégica de Le Gallienne.

---

[38] Bastos señala que la diestra homología de lo estético y la moda, avalada por el respaldo de escritores importantes, fue una estrategia moderna (*kitsch*), puesto que anticipaba, desde su enunciación, la inminente caducidad de lo nuevo (57-62). Pera relaciona el modernismo del guatemalteco con la emergencia del turismo (las ferias universales) y con la subordinación del arte como lujo decorativo (el almacén de novedades) (69-117).

En realidad, la postura de Darío frente al concepto de decadencia en la revista es ambivalente. Al respecto, valga recordar que en 1896, a raíz de la publicación de *Los raros*, Darío recibió dos cartas de Juan Valera publicándolas en *La Nación*. El crítico español, a quien Darío ya debía en parte la difusión de *Azul* "con el montón de piedras" que le había arrojado en *El Imparcial* de Madrid en 1888,[39] destaca en estas cartas la labor precursora de Darío como asimilador de las tendencias literarias francesas (Barcia, 42).[40] No obstante, Valera también lanza una crítica a la pose del decadente prototípico (la cual intuye en el Darío de *Los raros*) en términos no muy lejanos a los de Le Gallienne en su libro de 1893:

> [...] si por raro se entiende lo extravagante, lo monstruoso, lo disparatado, o lo enfermizo, francamente lo raro me repugna [...] Y mi repugnancia crece [...] cuando veo que la rareza no es natural, sino rebuscada y que es una *pose* para llamar la atención, porque entonces lo pierde todo, hasta la misma rareza, ya que no es muy difícil aturdir, embobar y hasta admirar al vulgo haciendo o diciendo extravagancias. (Barcia, 43)

---

[39] El 22 y 29 de octubre de 1888, Valera escribió dos cartas que habrían de servirle a Darío como tarjeta de presentación ante la institución literaria en América Latina y Europa. Sobre la trayectoria crítica que habrían de inaugurar estas cartas y sobre su subsecuente reproducción en la segunda edición de *Azul* (Guatemala 1890), consultar la introducción de José María Martínez ("Introducción") a su edición de *Azul* y de *Cantos de vida y esperanza*. Las cartas de Valera se consultaron también en esta edición. Las otras alusiones a *Azul* en este libro provienen de la primera edición.

[40] En su estudio preliminar a *Escritos dispersos de Rubén Darío*, Pedro Luis Barcia cita fragmentos de estas dos cartas, publicadas originalmente en *La Nación* el 12 marzo 1896 y el 22 de febrero de 1897. En la primera, se lee: "Claro está que yo preferiría que viniese Ud. A vivir a Madrid [...] porque también en los elementos o ingredientes [...] que constituyen la personalidad literaria de Ud., tal vez falte un poco más de *españolismo*, el cual prestaría mayor originalidad [...] a lo que Ud. ha tomado, asimilándolo bien [...] de la novísima literatura francesa. En este punto carece Ud. de competidor entre nosotros" (42).

La decisión de Darío de hacer pública una crítica que Valera le había enviado desde la intimidad epistolar, no dejaba de ser indicativa de sus estrategias para "llamar la atención" y así acumular prestigio literario. Por otra parte, en su intervención previa en la *Revista de América*, Darío había comulgado con la visión del propio Valera al criticar, aunque erróneamente, al escritor inglés Richard Le Gallienne por su supuesto materialismo. Paradójicamente, en el papel de cofundador de la revista y de crítico autorizado de la misma, Darío también había avalado la estrategia hedonista de Gómez Carrillo, el celebrado "nuevo crítico" de la publicación, quien había reproducido, casi en el linde de lo paródico, la figura-blanco de la crítica de Valera.

En la publicación argentina, Darío jugó a ser y no ser decadente, condición performativa, característica de las prácticas culturales asociadas al modernismo.[41] El escritor nicaragüense recurrió a la práctica evasiva del histrión.[42] Su acto fue el de un hábil concertador con sus estrategias de lectura del archivo europeo, y con el cabildeo ejercido al interior del campo cultural argentino, como veremos a continuación.

II. La *Revista de América* al interior del campo cultural argentino

Al momento de la fundación de la *Revista de América*, los jóvenes que Darío empezaba a reunir en torno suyo formaban un grupo de contornos indiferenciados. Inicialmente estos jóvenes se reunían en espacios de sociabilidad establecidos por generaciones precedentes localizadas en sectores hegemónicos de la cultura argentina, como el mencionado

---

[41] Sobre la actitud ambivalente de repulsión-fascinación de Darío frente a la decadencia, consultar Molloy "Too Wilde for Comfort" y Montero.

[42] Según Calinescu, para Nietzsche, Wagner era decadente por ser más actor que músico, es decir, por hacer de la mentira (el acto) un discurso de verdad (la música). Al respecto, Calinescu señala: "the liar [...] deceives by imitating truth and by making his lies even more credible than truth itself" (180).

Ateneo. Después de su polémica formación, esta asociación se convirtió en sede de diversos grupos, incluyendo la generación del ochenta.[43] Estos grupos no eran privativos del campo literario sino también provenían del científico, el artístico y el político. Así lo destaca José Ingenieros en su semblanza del médico José M. Ramos Mejía (1849-1914):

> El Ateneo, fundado diez años antes por un grupo de poetas, prosistas, pintores, escultores y músicos, había emigrado de la Avenida de Mayo esquina Piedras a un amplio salón del Bon Marché contiguo al Museo Nacional de Bellas Artes. El cansancio de los socios viejos y el desenfado de los nuevos comenzaban a comprometer su existencia. Junto a los hombres reposados, no muy sensibles a la predicación de Rubén Darío —Obligado, Sívori, Vega Belgrano, Quesada, Oyuela, Martinto, Julio Jaimes, Lamberti, Piñero, Osvaldo Saavedra, Holmberg, Rivarola, Dellepiane, Matienzo, Argerich— estaban los que ya tenían un nombre hecho, casi todos favorables a las tendencias modernistas —Escalada, Jaimes Freyre, Leopoldo Díaz, Estrada, los Berisso, Soussens, Payró, Piquet, Cárcova, Aguirre, Baires, Carlos Ortiz, Ghiraldo, Stock, Arreguine, Ugarte— y nos agrupábamos decididamente en torno de Darío los últimos llegados —Lugones, que alcanzó celebridad en pocas semanas, Díaz Romero, Goycochea Menéndez, C. A. Becú, José Ojeda, Pagano, Américo Llanos, García Velloso, Nirenstein, Oliver, Monteavaro, Ghigliani, José Pardo, Luis Doello. (41-45)

Del texto de Ingenieros se hace evidente una escisión generacional: el distanciamiento de los jóvenes (en dos oleadas sucesivas) de los consolidados viejos; también se intuye la posibilidad de un cambio

---

[43] Sobre la formación del Ateneo a partir de las veladas en casa de Rafael Obligado y los debates que su génesis propició entre liberales, católicos y la "guerrilla" bohemia, consultar Roberto Giusti (53-89). Sobre su relación con el cenáculo bohemio e informal de Darío en el restaurante Aue's Séller, Jorge Rivera (15-16). Sobre sus actividades (conferencias y exposiciones) así como los motivos de su desaparición, Reyna Suárez Wilson.

estructural en el campo cultural potenciado por estos jóvenes. Este cambio no se vislumbra sino a futuro, con la eminente desaparición del Ateneo ante la tensión generada por el "cansancio" de los unos y el "desenfado" de los otros, y con la aparición de nuevos vehículos de expresión. En retrospectiva, Ingenieros alude al *Mercurio de América*, fundado en 1898, como la publicación portavoz del grupo modernista y a la *Syringa*, como una asociación informal, bohemia y fumista en donde se congregaban los modernistas (45).[44] En este contexto, la *Revista de América*, antecesora del *Mercurio*, tendría que ser una manifestación embrionaria del modernismo, y su eclecticismo, el signo de un grupo de contornos aún imprecisos. Sus colaboradores más asiduos formaban una congregación heterogénea en el campo cultural argentino; pocos de estos escritores habrían de ser historiados como modernistas.

Por otra parte, la emergente formación en torno a Darío presagiada en las páginas de la *Revista de América*, se manifiesta ambivalente en relación a los sectores establecidos de la cultura, no sólo por su carácter embrionario, sino porque, desde sus inicios, Darío y sus allegados sostuvieron una política de concertación. De hecho, en la revista conviven corrientes estéticas consideradas tradicionalmente disímiles, como el naturalismo de Miró (alias Julián Martel) y el costumbrismo de Julio Lucas (alias Brocha Gorda). Las colaboraciones del boliviano corroboran la concertación generacional de estos jóvenes abanderados por Darío, expresada en el manifiesto inaugural de la *Revista de América*: "Mantener, al propio tiempo que el pensamiento de la innovación, el respeto à las tradiciones y la jerarquía de los maestros" ("Nuestros propósitos" 1). No es gratuito que Brocha Gorda fuera el padre del fundador Ricardo

---

[44] Lisandro Galtier alude al carácter informal de la *Syringa* creada "para entretenimiento de noctámbulos, con no muy ocultos propósitos de humor y fumistería" (67). Sobre la *Syringa* como espacio en que se manifiestan los usos perversos de la literatura en complicidad con la clínica a partir de la práctica del titeo y de la relación entre Darío e Ingenieros, consultar Molloy "Diagnósticos".

Jaimes Freyre. Las reseñas que de la revista hacían periódicos de amplia circulación y que la misma reproducía, también aluden a la función de la revista como agente de un movimiento que aspiraba a ser transnacional a partir del cabildeo cultural ejercido por sus fundadores.[45] La revista habría de prefigurar un cambio en la escena literaria pero este cambio no habría de propiciarse por una ruptura radical.

Además de patentizar las concesiones de sus productores con diversos sectores del campo literario, la revista también da cuenta de los pactos de estos con otros campos, como el de la política, a través de la poesía, irónicamente el género literario más característico del artepurismo. Como texto inaugural del tercer número, y con caracteres tipográficos más grandes, aparece "Rafael Núñez", poema necrológico escrito por Darío y dedicado a la memoria de su recién fallecido mentor, Rafael Núñez, presidente de Colombia en los periodos 1880-82 y 1884-94.[46] Si bien se trata de una silva de flexibilidad estrófica y métrica ya sintomática de la renovación poética emprendida por Darío, no deja de inscribirse en la tradición laudatoria de la literatura decimonónica. La revista da espacio al propio Rafael Núñez, publicando el poema "Ángel caído". La actitud de Darío frente a la política es singular. Sin dejar de reiterar la especificidad del campo literario, promueve a los ideólogos del siglo XIX, en particular a Núñez y Bartolomé Mitre, como casos excepcionales,

---

[45] En la proveniente de *La Prensa* se lee: "La *Revista de América* [...] se propone mantener la más atractiva correspondencia con los principales literatos y artistas de América del Sud, en cuyos emporios intelectuales, desde México hasta Chile, tienen los Sres. Darío y Jaimes Freyre valiosas y abundantes relaciones" (*Revista de América* 1/1 [1894], contraportada sin número).

[46] Darío llegó a Buenos Aires como cónsul de Colombia gracias a Núñez. Desde antes de su llegada, el nicaragüense ya era colaborador de *La Nación* por intermediación de Bartolomé Mitre, a quien la revista también brinda espacio (Darío, *Autobiografía* 99). Sobre la labor periodística de Darío en *La Nación* consultar Susana Zanetti, quien ha reconstruido esta trayectoria.

por saber conjugar la práctica literaria con la labor política.[47] De esta manera, Darío hace de la política una estrategia para establecer vínculos literarios que facilitaran la génesis social de una posición soberana para el escritor, asegurando la proliferación y posteriormente la canonización del modernismo. Arturo Torres Rioseco cita a Rufino Blanco Fombona, quien resumió la actitud de Darío frente a la política en estos términos: "En la política, en la libertad, no creyó nunca. No le parecía, de seguro, prostituirse con aplaudir a sátrapas odiosos y echarles margaritas a puercos, a trueque de un mendrugo. Su concepto meceniano de las letras —el suponer que no pueden vivir de la democracia— lo disculpa. Pero Rubén tenía el culto de la belleza. Conocía su mérito" (Torres Rioseco 110-11).

De aquí que en la *Revista de América*, la apropiación de un vocabulario subversivo en la arena política para posicionarse en un sector arriesgado del campo literario, como fue el caso de algunas formaciones europeas, no se confirme.[48] Y es que esta revista no constituyó una formación literaria en la que se conjugaran una estética radical y una actitud de insurrección moral y política. El caso del anarquismo en el texto del citado Miró (alias Martel) es representativo. Éste alude indirectamente a la marginalidad social y económica del artista finisecular a través de la apariencia del personaje anarquista: "Su aspecto no era nada tranquilizador. Iba vestido con un traje oscuro en muy mal estado [...] Rubio y tan joven que no representaba más de veinticinco años" (Miró 14). Dicho personaje evoca al poeta finisecular, ese "harapiento, por las trazas un mendigo, tal vez un peregrino, quizás un poeta" del cuento

---

[47] En dos artículos de esa época, publicados en Montevideo y Buenos Aires, "Prometeo" y "La política y las letras", Darío desarrolla estos puntos de vista.

[48] Al analizar la relación por homologías entre el campo literario y el poder, Bourdieu recurre al ejemplo de Mallarmé, quien se refiere al acto poético como un atentado (*Field* 44).

dariano "La canción del oro" (*Azul* 35). Sus vicisitudes son también equiparables a las del propio Martel, víctima de la bohemia, las crisis económicas y la tuberculosis.[49] Cabe sin embargo destacar que en el texto de Martel no se da una homología entre la decadencia literaria y el anarquismo político. De hecho, desde el punto de vista ideológico, se reivindica el liberalismo como plataforma política y económica al contrastar la insensatez del joven anarquista con el altruismo del anciano burgués. El anarquismo es representado de manera indiferenciada al socialismo, puesto que se discute superficialmente, únicamente en términos antagónicos al individualismo y al genio creador, celebrado por positivistas y también por modernistas (Miró 16). Por aquellos años, el propio Darío neutralizaba la radicalidad política de este movimiento al leerlo, desde el elitismo de la cultura, como una consecuencia más de la masificación: "Mas he de estar siempre [...] contra la oscura onda en que hierven todas las espumas del populacho [...] Más que la moral es la estética lo que me impulsa a combatir la rabia anárquica" ("Dinamita" 25). De aquí que, con la investidura de poeta, afirmara: "yo no soy anarquista soy aristócrata" ("La cólera del oro" 36). Algunos críticos del modernismo han resaltado los límites libertarios del movimiento con respecto a la política. Françoise Perus, por ejemplo, señala: "las mismas reacciones 'antiburguesas' de los poetas 'modernistas' no provienen de una perspectiva democrática [...], sino más bien de una visión aristocratizante y pasatista, arraigada en los valores señoriales [...] de la clase dominante" (82).

En el fondo, la crítica de Darío no atañe tanto al campo de la política, sino nuevamente al de la cultura, particularmente a la problemática incorporación de la literatura a la naciente cultura de masas. La preocupación de Darío al respecto se centró, como ya han destacado sus críticos, en la carencia de un público lector. En varias crónicas de la época bonaerense, Darío hace un diagnóstico de las condiciones

---

[49] Sobre esta representación de Martel, consultar, Darío "Julián Martel y 'la Bolsa'". Un estudio sobre este escritor, en Cócaro.

específicas del campo literario en el que se inscribe. En 1895 argumentaba: "Es verdaderamente sensible, que una ciudad de seiscientos mil habitantes como Buenos Aires no tenga cien lectores de libros nacionales" y concluía con una rotunda afirmación: "la prosperidad de un país radica en sus ciudadanos cultos" ("La política y las letras" 69). En la *Revista de América* Darío alude, no al rey burgués como contramodelo del público culto anhelado, sino a ese personaje prototípico del "imperio de la medianía",[50] producto de la modernización desigual de América Latina: el *rastaquouère*. Al respecto, escribe: "El yankee siquiera derrama su oro para tener en su casa las obras del arte que no entiende," pero "el americano-latino, la raza de los licenciados, doctores, y coroneles, tiene que conformarse con ser la madre [...] de ese [...] tipo que instala nuestra pequeñez a la luz del mundo: el *Rastaquouère*" ("Exposición de Mendilaharzu" 58). Años más tarde, desde París, la capital del arte pero también del éxito fácil, Darío habría de precisar la condición indispensable del rastacuerismo: "la incultura; o mejor dicho, la carencia del buen gusto" ("La evolución del rastacuerismo" 351). No obstante, el nicaragüense también se percató que la emergencia de un público culto tendría que salir de la entonces incipiente clase media, obviamente ligada a la naciente industria cultural.

Las lecturas prototípicas de esta clase habrían de ser representadas en Argentina por la revista *Caras y Caretas* (1898-1908), la cual también fue vehículo de diseminación del modernismo. En su texto inaugural se establecían los siguientes propósitos: "hermanar la actualidad que interesa, la verdad que atrae la atención, con la caricatura que esboza sonrisa" (Rama, *Máscaras* 117). Howard Fraser sostiene que *Caras y Caretas* supo aprovechar las innovaciones tecnológicas de la industria periodística para atraer un número ilimitado de lectores al publicar poesía y ficción, fotografía de ocasión, acontecimientos locales y cotidianos, ensayos humorísticos y caricaturas (2). La duración y circulación de este *magazine*

---

[50] Referencia proveniente de un ensayo de Darío sobre Lugones, publicado originalmente en *El Tiempo* ("Un poeta socialista" 107).

ilustrado contrasta en gran medida con la magra y efímera *Revista de América*. Si inicialmente se tiraban de diez a quince mil ejemplares, para 1908 *Caras y Caretas* alcanzó una circulación de más de cien mil (Fraser 13).

La relación de la *Revista de América* frente a la industria cultural que revistas como *Caras y Caretas* vendrían a tipificar, se evidencia al constatar su posición frente a otras publicaciones, como *La Biblioteca* y el mencionado *Mercurio de América*. La primera, órgano de la Biblioteca Nacional, fue fundada en 1896 por Paul Groussac; no predicaba el credo del arte por el arte ni se afiliaba al decadentismo europeo; no obstante también se auto-representaba antagónica al periodismo informativo, como una publicación de producción restringida. Si la *Biblioteca* se mantuvo al margen de las políticas democratizadoras del periodismo lucrativo, representado por revistas como *Caras y Caretas*, es válido afirmar que ésta tuvo una circulación más duradera que la *Revista de América* gracias a la subvención del Estado. Al prescindir de un subsidio de esta naturaleza, la *Revista de América*, pese a su elitismo, ya prefiguraba la necesidad de entablar un pacto con las estrategias de los grandes diarios informativos, o de magazines ilustrados espectaculares y promotores de actualidades, como habría de ser *Caras y Caretas* años más tarde (Cavalaro 119). Así lo expresa Darío en el mencionado artículo "'La Revista Americana'" al considerar, entre los propósitos de la revista, "la novedad" y "el buen gusto", condiciones típicas del periodismo lucrativo, aunque siga aludiendo al "público escogido" (50).[51] Fue el *Mercurio de América* (1898-1900), la revista que expresó más abiertamente la concertación

---

[51] En dos cartas a Luis Berisso, Darío alude a su forzada complicidad con el periodismo industrial, del cual *La Prensa* y *La Nación* eran ejemplos. El 9 de septiembre de 1895 escribe: "se me ha dicho en *La Nación* que no escriba más 'literatura' para el diario. Lo cual equivale a decirme que no escriba" ("A Luis Berisso, VI" 147). El 1 de diciembre de 1895 se queja de haber entrado "en *La Prensa* a hacer periodismo de la más prosaica e imbécil especie. Dirijo –asómbrese usted– ¡la sección social!" ("A Luis Berisso, VII" 148).

del modernismo con la industria cultural prefigurada en la revista de Darío y Jaimes Freyre. En el texto inaugural, su director, Eugenio Díaz Romero la caracteriza en relación a *La Biblioteca* como "menos brillante pero no tan estrecha" (Barros-Lemez 8). De esta manera distancia sutilmente su empresa de la generación ilustrada, y propone, si bien siempre dentro del elitismo del artepurismo modernista (no es gratuito que reproduzca el manifiesto "Nuestros propósitos"), una complicidad con el periodismo de entretenimiento.

Cabe cerrar este capítulo con una reflexión sobre la última revista dirigida por Rubén Darío, *Mundial Magazine,* una publicación de marcada intención heterónoma editada en París en 1911. Si con la *Revista de América,* Darío estableció las bases para un campo literario autónomo, acumuló prestigio cultural e hizo de la política y el mercado una herramienta para la profesionalización del escritor, con el *Mundial Magazine*, el escritor profesionalizado puso al servicio del mercado, el prestigio acumulado. En el contrato de 1911, los banqueros Antonio y Alfredo Guido, dueños de la empresa, y Darío, su futuro director, acuerdan que el trabajo de este último "consistirá principalmente [...] en utilizar todos sus conocimientos, facultades, relaciones y medios, para asegurar, en las mejores condiciones posibles, el éxito de estas revistas" (Hernández 17).

El proyecto del *Mundial Magazine* cerró una trayectoria personal, la de Darío. Por esos años (1913), con un nombre simbólico (Benjamin Itaspes),[52] Darío se auto-representaba "cansado de una ya copiosa labor [...] asqueado de la avaricia y mala fe de los empresarios [...] de los grandes centros" (*Oro de Mallorca* 187). París había dejado de ser el "paraíso en donde se respirase la esencia de la felicidad sobre la tierra" (*Autobiografía* 94) para convertirse en "centro de la neurosis" y "ombligo

---

[52] Según Anderson Imbert, el nombre del protagonista de esta novela, Benjamín, evoca al menor de los hijos del bíblico Jacob, y su apellido, Itaspes, al padre del rey Darío (20-21).

de la locura".⁵³ Sin embargo, por estos años postreros, Darío se había consolidado ya como una figura fundacional: "con Hugo fuerte y con Verlaine ambiguo"⁵⁴ pasaba a la historia literaria como el "audaz, cosmopolita"⁵⁵ que, después de haber abandonado la provincia, sinécdoque de una Hispanoamérica premoderna, había emancipado las letras del continente y también las de una España reacia al influjo modernizador.

El *Mundial Magazine* cerró esta trayectoria y también la del modernismo. La divergencia literaria instaurada por Darío a través del "galicismo mental" con respecto al canon español, fue restituida en las páginas del *Mundial* a través de una conciencia hispanista que, desde la capital francesa, se proyectaba a ambas orillas del Atlántico con colaboradores tanto de Hispanoamérica como de España. Cumplida la renovación de las formas, el movimiento se retrajo de la experimentación vanguardista y pactó con la industria cultural. En las páginas del *Mundial*, el modernismo, como las modas, la literatura de viajes y la fotografía, fueron parte del consumo como lujo decorativo. Todo ello había sido prefigurado en la efímera y magra *Revista de América*.

---

⁵³ Del poema "Epístola a la señora de Leopoldo Lugones", *Canto errante* (133).
⁵⁴ Del poema "Yo soy aquel que ayer no más decía", *Cantos de vida y esperanza* (11).
⁵⁵ Del poema "Yo soy aquel que ayer no más decía", *Cantos de vida y esperanza* (11).

Capítulo II

Los cronistas hispanoamericanos del *Mercure de France*

Este capítulo ubica la producción modernista en París la capital del siglo XIX, donde Darío habría de concluir su misión renovadora. El objetivo ya no es el de seguir la trayectoria del nicaragüense, sino el de ubicar la circulación del modernismo fuera de Hispanoamérica, precisamente en el centro de irradiación del cosmopolitismo finisecular. La capital francesa ha sido interpretada en la obra de los modernistas como un palimpsesto compuesto por diversas capas textuales que alimentó las fantasías de estos escritores hispanoamericanos.[56] Aquí interesa destacar su importancia como centro de producción y diseminación de la literatura modernista, y como espacio de sociabilidad de aquellos escritores autoexiliados que establecieron las bases para consagrar el movimiento en el contexto transnacional. Si Julián del Casal sólo visitó el París de su reino interior, hubo otros que mediante la diplomacia y el periodismo se asentaron en la capital francesa y tradujeron, con tomas de posición específicas, la necesidad cultural del modernismo: hacerse acreedores del título "cosmopolita" con el reconocimiento de los lectores de ultramar.

Si se toma en cuenta el conjunto de agentes e instituciones que conforman el campo cultural francés tales como productores y críticos,

---

[56] En la producción modernista, París es biblioteca, catálogo, ciudad literaria, mujer, museo; el paradigma de lo artificial, del lujo, del viaje transatlántico, y también de la verlainesca decadencia finisecular (Pera 32, 38, 179, 15, 135-41, 147, 95-103, 190).

revistas, lugares de exhibición, salones y academias, se observa que la valoración del artista y de la obra modernistas fue incipiente. Investigaciones previas constatan que el modernismo no consolidó el prestigio y el reconocimiento necesarios desde París.[57] Pocos son los escritores hispanoamericanos que frecuentaron los salones literarios o que fueron reseñados y traducidos al francés; contadas fueron también las conferencias y las exposiciones de arte hispanoamericanos llevadas a cabo durante estos años en la capital francesa (Molloy, *Diffusion* 19-20). Se hace entonces evidente que la posición de los modernistas en el concierto universal fue precaria. Por ello, ser cosmopolita también significó asumir la relatividad de su empresa mundializadora.

Como se ha destacado en el capítulo anterior, una de las revistas hispanoamericanas en París fue el *Mundial Magazine* (1911-14) de Darío. Hubo otras, como *El Nuevo Mercurio* (1907) de Gómez Carrillo, y la *Revue Sud-Américaine* (1914) de Leopoldo Lugones, que se propusieron modificar el carácter de suplemento de la literatura hispanoamericana en el ámbito francés.[58] Todas estas revistas aparecen, sin embargo, cuando el modernismo ha dejado de constituir el movimiento protagónico de la cultura hispanoamericana. Su intención fue promover, no el ideal literario, sino la adecuada formulación política y cultural de América Latina para el público europeo, por ello brindaban una arqueología del espacio latinoamericano desde diversas disciplinas, incluyendo la antropología, la política, la musicología, la ciencia y la educación.

---

[57] Sobre el accidentado proceso de integración de los intelectuales hispanoamericanos a la vida de París, consultar Marcy Schwartz (15-19), Molloy (*Diffusion* 19-20), Ahumada (9-15) y Pera.

[58] En 1914, desde su columna en la *Revue Sud-Américaine*, el colombiano Baldomero Sanín Cano se quejaba del lugar menor que ocupaba el complejo cultural de América Latina en Europa. Argumentaba que el propósito de la creación de revistas como la *Revue Sud-Américaine* era precisamente el de rebasar ese carácter de suplemento que caracterizaba a lo latinoamericano dentro de las publicaciones europeas, al fundar una publicación mensual, orgánica y reflexiva ("Le Sud-Amérique à Londres" II/5: 273-74).

Más pertinente es iniciar el análisis del modernismo en el campo literario francés en la década del 90 y desde una revista francesa hegemónica, el *Mercure de France* (Francia, 1890-1965), cuya serie moderna apareció en enero de 1890 bajo la dirección de Alfred Vallette. En esta publicación, París aparece como el escenario de la contienda entre los principios heterónomos y autónomos del campo literario francés, pero también como el de esta contienda y la sostenida por los modernistas con el fin de ingresar a este inhóspito campo. Al tiempo que algunos productores y agentes de consagración de esta revista interpretaban el "periférico" modernismo como un suplemento de su propia posición en el campo literario europeo, los modernistas reconfiguraban dicha apropiación en beneficio propio, buscando un consenso universal para su condición hispanoamericana a través de ciertas estrategias que se observarán a lo largo de este capítulo.

Si bien en sus inicios la revista desplegó características de formación, a través del patrocinio de Marguerite Eymery, esposa de Vallette y mejor conocida como Rachilde, a numerosos escritores emergentes (Dauphiné 17-28), pronto se institucionalizó, convirtiéndose en una suerte de "enciclopedia permanente" (Décaudin 13). Había sido fundada con el esfuerzo colectivo de sus productores (Vallette, Remy de Gourmont, Albert Aurier, Jean Court, Louis Denise, Édouard Dubus, Louis Dumur, Julien Leclercq, Ernest Raynaud, Jules Renard y Albert Samain) para evitar la desaparición de las tendencias finiseculares afines al simbolismo que habían perdido sus plataformas en otras publicaciones efímeras, como *La Plume* y en particular *La Pléiade* (Décaudin 4-8). De hecho, la revista apareció como la continuación de esta última, y el primer número fue diseñado a imagen y semejanza de esta recién desaparecida publicación.[59] No obstante, a partir de 1896, la revista tendió a aglutinar

---

[59] Aparece el 25 de diciembre de 1889 con teinta y dos páginas financiadas por sus productores (125 francos en total). La carátula es de color púrpura, como el de *La Pléiade*; este color se mantiene hasta 1935, cuando cambia a blanco (Quignard 14-15).

diversos aspectos de la cultura francesa mediante una política incluyente sin límite disciplinario. Fue en este año que aumentó el número de folios (de ocho a doce, conformando un promedio de doscientas páginas), así como el número de secciones, incluyendo un espacio dedicado a las literaturas de otros países.[60] Paulatinamente adquirió un formato tipo *magazine* con el fin de sostener una visión orgánica y hegemónica de la cultura francesa, dirigida a un público lector amplio y heterogéneo.[61] A diferencia de las formaciones exclusivamente literarias, los magazines constituían foros públicos, en los que se incluían una serie de discursos extraliterarios, como aquellos que mediaban la recepción de algún autor o los que documentaban la correspondencia de los lectores para la discusión de diversos asuntos (Morrison 11). Dicha condición de *magazine* fue altamente valorizada por otras publicaciones de la época. Por ejemplo, Ford Madox Ford y Douglas Goldring, los editores de la revista inglesa *British Review*, intentaron imitar las políticas editoriales de la publicación francesa al reconocer que "whereas in France culture is so widely diffused that a literary periodical like the *Mercure de France* can find readers in remote country towns and among all classes of society, such has never been the case in England" (Morrison 53). Para 1924, cuando la revista

---

[60] De treinta y dos páginas pasó a cuarenta y ocho durante su primer año, después a sesenta y cuatro en 1891, y luego a noventa y cuatro durante el periodo comprendido entre 1892 y 1894. Fue en este último año que la revista se convirtió en una sociedad anónima con un capital de 75 000 francos (Quignard 16-17). Con la aparición de la sección "Revue du Mois", la revista aumentó sus páginas considerablemente: ciento cuarenta y cuatro en enero de 1896, ciento sesenta en abril, y ciento noventa y dos en julio. En 1898 (enero) llegó a publicar trescientas cincuenta y dos páginas. A partir de 1904, no volvió a publicar más de doscientas ochenta y ocho páginas. En 1905 se convirtió en una revista bimensual (35-36).

[61] En junio de 1896, aparece la siguiente nota: "à partir de la prochaine livraison (juillet, No. 79), il sera publié sur douze feuilles, soit prés de 200 pages, et pour cet énorme écart entre huit et douze feuilles le prix de la livraison ne sera augmenté que de 0fr. 25" (XVIII/78: 470). El precio anunciado de la revista es de 1.50 francos y la suscripción anual de 15 francos.

francesa estaba lejos de tener una existencia efímera, Vallette reiteró el carácter conciliatorio y acumulativo de esta publicación: "Le *Mercure de France* est resté acueillant aux 'nouveaux,' de sorte qu'il est aujourd'hui l'expression multiple de plusieurs générations d'écrivains" (encuesta realizada por Maurice Caillard y Charles Forot, Décaudin 15-16).

Consecuentemente, en el *Mercure de France* el simbolismo no sólo fungió como un principio de autonomía literaria, sino que, al institucionalizarse, se convirtió en el paradigma de la seductora modernidad francesa tan codiciada por los hispanoamericanos. A través de lo que Robert Jouanny llama *detraditionnalisation* de las literaturas extranjeras (70), los contribuyentes más asiduos del *Mercure de France* (Vallette y Gourmont entre otros) reseñaron, comentaron, tradujeron y finalmente transformaron las letras extranjeras, emergentes y residuales, en expresiones proteicas de una problemática común: la del simbolismo idealista que rebasaba fronteras nacionales y temporales (Jouanny 63). Un criterio selectivo animaba a estos críticos a privilegiar o a menoscabar una literatura nacional o a un escritor en particular sobre otros. Ejemplos de esta tarea selectiva son el acogimiento de Henrik Ibsen, Jean Moreas y Richard Wagner, y la constante desvalorización de la cultura alemana en su conjunto como un signo de riesgo. Bajo esta visión francocentrista, el *Mercure de France* excluyó o brindó mínima atención a las literaturas de África y América Latina, las cuales demarcaban los bordes exóticos del centro cosmopolita que era París.

Sintomática de esta relación centro-periferia es la disposición de secciones en las que se hizo presente la literatura hispanoamericana, así como el carácter de tales publicaciones. La revista no publicó sino crónicas, cuya intención era dar un panorama sobre el estado de la emergente literatura hispanoamericana; dichas crónicas fueron publicadas en un espacio menor que la revista dedicó a partir de 1896 a las letras extranjeras. Sus autores fueron escritores modernistas que se asentaron en París como corresponsales. El primero de ellos fue el venezolano Pedro Emilio Coll, iniciador de la sección "Lettres Latino-Américaines" con siete crónicas publicadas entre octubre de 1897 y diciembre de 1898. Lo sustituyó el argentino Eugenio Díaz Romero, quien redactó trece crónicas bajo el rubro "Lettres Hispano-Américaines" entre 1901 y 1908. Durante estos mismos años, el guatemalteco Enrique Gómez Carrillo cubrió la sección sobre letras españolas (1903-1907). Finalmente, el chileno Francisco Contreras retomó la sección "Lettres Hispano-Américaines" de febrero de 1911 a enero de 1933, publicando 65 crónicas. El estudio de éstas ya ha sido emprendido por Liliana Samurovic Pavlovic, Geoffrey Ribbans, Sylvia Molloy y Alfredo Ahumada.[62] No obstante, es necesario retomarlas mediante un análisis que resalte las negociaciones de estos escritores con las políticas editoriales de la revista, subrayando el carácter histórico de París como sede de producción literaria, y no necesariamente el aspecto mítico de la ciudad como tropografía modernista. Los cronistas latinoamericanos se propusieron sacar partido del amplio foro de lectores con que contaba el *Mercure de France*. Tres grupos de lectores se hacen evidentes en sus crónicas: aquellos intelectuales que a través del circuito de revistas seguían el diálogo cultural entablado con París desde Hispanoamérica; los letrados hispanoamericanos radicados en París; finalmente, una colectividad de lectores supuestos ("intended readers")[63] pero ausentes que conformaban el anhelado público francés.

---

[62] Ribbans da un panorama detallado de los años 1896 a 1907 mientras que Molloy (*Diffusion*) subordina el tema a un estudio más amplio sobre la recepción de la literatura hispanoamericana en Francia. Samurovic delimita su estudio al periodo 1897-1915, dividiéndolo en dos etapas y siguiendo los criterios de Max Henríquez Ureña. La traducción al español de las 65 crónicas que Ahumada hizo de Contreras es precedido por un ensayo apologético sobre el chileno en respuesta a los juicios de Molloy.

[63] La noción de "intended reader" viene de Erwin Wolf y es resumida por Wolfgang Iser de la siguiente manera: "a sort of fictional inhabitant of the text, can embody not only the concepts and conventions of the contemporary public but also the desire of the author both to link up with these concepts and to work on them" (33).

Una de las estrategias de los corresponsales hispanoamericanos para promover su literatura frente a este último grupo fue la de apropiarse oportunamente de la visión que los críticos franceses tenían del espacio literario hispano-parlante. Por ejemplo, Ephrem Vincent y Marcel Robin, los columnistas de la sección "Lettres Espagnoles" entre los años 1898-1903 y 1908-1915 respectivamente, localizaron a Gómez Carrillo, a Rubén Darío y a la producción modernista en general en la Península Ibérica. Los hispanoamericanos se aprovecharon de esta errónea percepción con el fin de fomentar la lectura de sus obras. En algunos casos presentaron el elemento castizo únicamente como rasgo decorativo de sus estilizados retratos. En el *Mercure de France*, esta españolización del modernismo les sirvió a los hispanoamericanos como coartada para aprovechar de mejor manera el reducido espacio que la revista les ofrecía. Cuando Gómez Carrillo tuvo a su cargo la referida sección, la utilizó para resaltar constantemente los juicios de Darío, y así declararlo, si bien no español, sí el escritor más importante en lengua española. El propio Darío sustituyó a Gómez Carrillo en el número de mayo de 1906, escamoteando el rubro "Lettres Espagnoles" al escribir una reseña sobre el propio cronista guatemalteco. Con esta estrategia, los hispanoamericanos no buscaban definir a América Latina como sinécdoque del viejo imperio; de hecho, el *Mercure de France* no se caracterizó por presentar una visión favorable de España en general.[64] En realidad, explotaron el reducido espacio que la revista francesa otorgaba a la literatura española, transformándolo en un sitio para promover el modernismo hispanoamericano.

---

[64] La visión favorable de España se limitó a la postura de ciertos pensadores conservadores como Maurice Barrès durante los años veinte. Con los cambios geopolíticos del nuevo siglo que aminoraban la hegemonía francesa en el mundo, Barrès proponía una revaloración del hispanismo como una suerte de retorno y renovación espiritual para Francia, contrapeso necesario al peligro que representaban Alemania e Inglaterra (Molloy, *Diffusion* 20-24).

La visión predominante sobre América Latina en el *Mercure de France*, y a la que se afiliaron, en apariencia incondicionalmente, los primeros cronistas hispanoamericanos de la revista, fue la sustentada por Remy de Gourmont, quien no sólo fungió como crítico autorizado para evaluar los aciertos o desaciertos literarios de los jóvenes modernistas, sino como promotor de la revista francesa en Hispanoamérica.[65] La de Gourmont fue una visión anticastiza, y se articuló dentro de un debate por la hegemonía cultural de América Latina en torno a la conceptualización del modernismo, principalmente frente a la visión peninsular abanderada por Miguel de Unamuno.[66] El francés escribió el prefacio a *Las sombras de Hellas* de Leopoldo Díaz (1902), donde equiparaba el renacimiento de una nueva lengua hispanoamericana, a la cual calificó de *neoespañol*, con el proyecto de la independencia política; conectaba además la literatura emancipada de América Latina con una genealogía parnasiana-simbolista de factura francesa (Heredia como maestro de Díaz); por último, destacaba un representante del renacimiento cultural hispanoamericano que respondiera, con obra y figura, a esta ruptura cultural con España. En esta lectura, Rubén Darío era el exponente idóneo. Al igual que Sarmiento, Gourmont asignó a la escritura un papel civilizador con el fin de interpretar y así domesticar la naturaleza americana: "les pampas se peuplent et la forêt vierge se défriche".[67] No obstante, si para el argentino escribir debía ser una forma de poblar el desierto argentino y ordenar el sinsentido de la barbarie americana, hipótesis central de su *Facundo* (1845), para el francés, se trataba de una *re*-escritura que tachara la marca española y fundara la lengua americana a partir del paradigma francés. Con su traducción de *La gloria de don Ramiro* de Enrique Larreta

---

[65] Gracias a la publicidad manifiesta en torno a su relación con Gómez Carrillo, las subscripciones del *Mercure de France* aumentaron considerablemente en Latinoamérica (Samurovic 106).
[66] Para una documentación de este debate consultar Samurovic 108-10.
[67] Se consultó la edición de 1902. El prefacio no está paginado.

de 1908, de la cual el *Mercure de France* publicó algunos fragmentos,[68] Gourmont terminó por erigirse en el crítico más autorizado sobre literatura hispanoamericana al otorgar validez al español americano en la medida en que fuera sometido a un proceso positivo de hibridación francesa: "J'ai traduit son livre aussi littéralement qu'il était compatible avec l'élégance que notre langue exige; on peut donc s'assurer qu'il n'a rien de la redondance espagnole" (Samurovic 116). Unamuno respondió a los juicios de Gourmont desde la tribuna de *La Lectura* en Madrid en 1903, con una exégesis hispanista del modernismo, descalificando al francés por su carácter diletante y "mercurial" (Samurovic 110). El crítico español no descartaba los logros del modernismo; no obstante, en el contexto de la prensa española, su visión revelaba la paulatina aceptación del movimiento modernista en España dentro de un sistema cultural asimismo jerárquico y selectivo, pero opuesto al que enarbolaba el francés. Las encuestas de la revista *Gente Vieja* (1902) en torno al modernismo son prueba de esta recepción peninsular, puesto que evidencian el rechazo más o menos generalizado del público español hacia los aspectos heterogéneos y "anárquicos" del movimiento. El ensayo que obtuvo mejor recepción en dichas encuestas fue el de Eduardo Chavarri, puesto que privilegiaba una tendencia modernista más espiritual, y devaluaba la "decorativa," asociada con París (Celma Valero 30-4).

En el *Mercure de France*, Díaz Romero y Coll se inscribieron en el debate secundando la postura de Gourmont, puesto que minimizaron la de Unamuno y así redujeron la perspectiva peninsular sobre el modernismo. En sus crónicas, celebran la positiva influencia francesa sobre la lengua y la cultura hispanoamericanas; subrayan el cambio

---

[68] La autoría de esta traducción ha sido puesta en duda desde su aparición, dado que Gourmont no hablaba español. Samurovic supone que la traducción fue posible gracias al alto nivel de francés que poseía Larreta, quien asistió a Gourmont en la misma (116). Estos fueron los únicos ejemplos de traducción de literatura hispanoamericana al francés publicados por la revista durante largo tiempo.

instrumental que las nuevas generaciones venían logrando en una tarea ampliamente modernizadora, y, al igual que Gourmont, asumen que el cosmopolitismo es sintomático de la independencia cultural americana, oponiendo el legado de "la momia peninsular" a la productiva influencia francesa (Díaz Romero, "Lettres Hispano-Américaines" LV/191: 463).[69] Al reseñar *Tierras solares* de Darío ("Lettres Hispano-Américaines" LVII/200: 630-33), Díaz Romero resalta únicamente la representación libresca de España, reminiscencia de un pasado legendario y exótico; desde esta perspectiva lo que se revalora es la imagen de España como un artificio literario sintomático del estilo innovador del nicaragüense.[70]

    La analogía más evidente entre la apertura literaria y la autonomía política es la que Coll establece con José Martí, amante de la libertad en Cuba y delicado artista que propaga una estética libre de la normatividad del diccionario castizo y colonial ("Lettres Latino-Américaines" XXIV/94: 303-04). Una considerable facción de la crítica posterior detectó en Martí esta conjunción entre autonomía política y apertura literaria, la cual fue problemática en otros escritores modernistas, principalmente en Darío. Cabe señalar, sin embargo, que la crítica posterior generó una marcada oposición entre el modernismo dariano y el martiano, privilegiando, ya fuera el uno o el otro, de acuerdo a ciertos presupuestos ideológicos. Con el objetivo de distanciar el proyecto martiano del dariano, y de privilegiar el primero por su condición política, Perus, por ejemplo,

---

[69] Las crónicas de Coll, Díaz Romero y Contreras aparecen siempre con el título genérico de Lettres Latino-Américaines o Lettres Hispano-Américaines. Consecuentemente, para poder precisar a qué crónica se alude, es necesario proporcionar, dentro de la información parentética, el volumen y el número en que ésta apareció, ademas de las páginas. Todas las crónicas citadas se enlistan además en la bibliografía.

[70] Samurovic deduce una manipulación interpretativa por parte de Díaz Romero ya que en *Tierras solares* Darío evoca un cuadro histórico de la España de 1898, augurando un futuro enérgico y vigoroso para el arte español contemporáneo (41-42).

menoscaba la importancia del estilo "modernista" en Martí (82). Para esta crítica, Martí es un caso excepcional y no paradigmático del modernismo, puesto que este movimiento constituye una forma más de inserción de la cultura oligárquica latinoamericana en el sistema capitalista mundial (82-83). No obstante, ésta no era la visión de los primeros cronistas del *Mercure de France;* para ellos, el carácter fundacional y emancipador del modernismo estaba íntimamente ligado con sus originales estrategias de asimilación de la literatura francesa. Esta visión estaría más cercana a los criterios favorables de críticos fundacionales, como Rama. José Emilio Pacheco, sintetiza, en el prólogo a su antología de poesía modernista, la visión de este tipo de crítica, arguyendo que el modernismo constituye una modernidad compensatoria a la dependencia del subdesarrollo político-económico: "Mientras los capitales extranjeros se adueñaban de los metales, el petróleo y las maderas de nuestros territorios, los modernistas se apropiaron de la cultura literaria internacional del fin de siglo" (2).

Volviendo a la posición subordinada de Díaz Romero y Coll con respecto a la visión antipeninsular de Gourmont: si bien éstos secundaron la opinión negativa que Gourmont tenía de la crítica peninsular y en particular de Unamuno, también es cierto que su rechazo fue moderado; en muchas ocasiones, reiteraron los juicios literarios del intelectual español para criticarlo pero, por el reverso, éstos también les fueron útiles para legitimar su propia postura crítica a favor o en contra de algún escritor hispanoamericano. Valga de ejemplo el comentario de Díaz Romero a *Las crónicas de boulevard* de Manuel Ugarte. El argentino critica la valoración de Unamuno, pero al mismo tiempo, a la manera de Darío, la utiliza para conferirle legitimidad al texto reseñado: "Un littérateur espagnol, de vaste réputation, Miguel de Unamuno, jugeait cet livre supérieur aux *Paisajes parisienses* [...] Unamuno le trouve meilleur tout simplement parce qu'il est moins français" ("Lettres Hispano-Américaines" XLVIII/167: 557). Por su parte, Gómez Carrillo, quien en su columna "Lettres Espagnoles" reproduce las encuestas sobre el modernismo publicadas en revistas españolas, suaviza la álgida polémica entre Unamuno y Gourmont, al redefinir el debate como uno entre "nuevos" y "viejos" ubicados a ambos lados del Atlántico; dentro de esta perspectiva, el guatemalteco contrasta la literatura modernista de Salvador Rueda o Valle Inclán con una de estirpe tradicional representada por los juicios literarios de Unamuno.[71]

Por otra parte, las crónicas hispanoamericanas modifican la visión antipeninsular de Gourmont al contextualizar los aciertos estéticos del afrancesamiento modernista en el accidentado terreno de la modernización en América Latina. Una de las implicaciones de esta contextualización es la de eludir la subordinación del espacio hispanoamericano a la metrópolis francesa, entendiendo el afrancesamiento en términos de afinidad y no de imitación. En el caso de Coll y Díaz Romero, esta afinidad es explicada, no a partir de una *detraditionnalisation*, sino en relación a las circunstancias socioeconómicas de América Latina que divergían de las europeas. Los modernistas compartían el pesimismo finisecular característico de los escritores decadentes; sin embargo, en su caso, este no era resultado del tedio producido por el progreso positivista tan detestado por los seguidores de Verlaine, sino de la persistencia de un legado colonial obsoleto en el terreno de la cultura, y de una modernización incipiente y periférica que no permitía la autonomía de la esfera literaria. Coll hace alusión a los mexicanos Bernardo Couto Castillo y Ciro B. Ceballos para argumentar que el progreso individual había sido más rápido que el político y el económico. Precoces pesimistas, Couto y Ceballos habían llegado tarde a un mundo muy joven ("Lettres Latino-Américaines" XXVII/103: 309). La discrepancia entre la esfera socioeconómica y la literaria observada por Coll también fue uno de los ejes temáticos de la crítica posterior. En los postulados de Coll queda prefigurada la propuesta de Rama, quien, a partir de una reevaluación del concepto de "literatura pura" (Pedro Henríquez Ureña), interpretó la disparidad subrayada por el venezolano

---

[71] Ver las siguientes crónicas de Gómez Carrillo: "Lettres Espagnoles" XLIX/170: 554-62; "Lettres Espagnoles" L/172: 270-76; "Lettres Espagnoles" LI/177: 834-39; "Lettres Espagnoles" LII/180: 820-27.

como un rasgo fundamental del contacto entre civilizaciones de distinto nivel (*Máscaras* 32), sometió la cuestión de la autonomía literaria a los avatares de la historia latinoamericana y abrió la discusión en torno a la parcialidad de la misma. Al desmontar la perspectiva de la imitación mediante una explicación histórica y social de las transformaciones estéticas, Coll y Díaz Romero justificaban la condición periférica de Latinoamérica como un rasgo esencial de su modernidad; con ello, también se proponían presentar una literatura afín al gusto del anhelado público francés, pero que a su vez fuera inherente a América Latina.

Asimismo, el esfuerzo constante de Coll y Díaz Romero por reseñar, no únicamente libros o autores, sino revistas provenientes de Hispanoamérica, sugiere la importancia de estas como agentes de consagración y legitimación en el circuito modernista. De hecho, Coll había fundado *Cosmópolis* en Venezuela (1894-1895) y Díaz Romero, el ya mencionado *Mercurio de América* (Argentina 1898-1900). Trasladarlas a la plataforma francesa significaba reproducir la toma de posiciones de estos escritores dentro de los campos literarios de sus respectivos países para el público francés, pero también hacer legítima esta posición dentro del campo literario hispanoamericano mediante el prestigio de la publicación francesa. La intención de potenciar la difusión de la literatura latinoamericana en la plataforma francesa a partir de esta reproducción se hace evidente en la crónica de Coll de mayo de 1898. En ésta, Coll define su propósito en términos estrictos de difusión: "on n'y trouvera pas une appréciation exacte et compte d'un auteur ni d'une oeuvre, et [...] le but unique que je me propose ici est d'éveiller l'intérêt pour notre naissante littérature d'Amérique" ("Lettres Latino-Américaines" XXV/ 101: 642).

Por otra parte, al hacer un minucioso recuento de la eclosión de revistas hispanoamericanas surgidas en los noventa, y reproducir los manifiestos de *Cosmópolis* y del *Cojo Ilustrado* (1892-1915), Coll también se dirige a los jóvenes escritores de América Latina, exhortándolos, con la autoridad de su posición de corresponsal, a hacer de la literatura un medio de unidad latinoamericana. Si en el terreno de la política el sueño de Bolívar no se había realizado, en el de la cultura empezaba a cumplirse a través de las revistas modernistas ("Lettres Latino-Américaines" XXIV/94: 303-304). Desde la revista francesa, este llamado a la integración artística era también una estrategia para legitimar su condición moderna. La unidad latinoamericana era, en este sentido, una forma de replantear el credo modernista, de reconvertir a los ya creyentes, pero desde una plataforma que validara dicha operación.

En la crónicas de Coll y Díaz Romero, los escritores modernistas (Darío, Ugarte, Manuel Díaz Rodríguez, Gutiérrez Nájera, del Casal o José Asunción Silva) se asocian a una serie de rasgos que subrayan la afinidad del movimiento con la postura innovadora de la revista; por ejemplo, se reitera la emergencia de géneros proteicos, como el cuento y la *novella* (Coll, "Lettres Latino-Américaines" XXVII/103: 308), o de híbridos inclasificables, como *Grandezas Chicas* de Osvaldo Saavedra reseñada por Díaz Romero ("Lettres Hispano-Américaines" XLIV/156: 563). Estos géneros, celebrados por los redactores del *Mercure de France* por su modernidad, fueron estudiados por críticos posteriores. Aníbal González Pérez (*Crónica*) y Julio Ramos, por ejemplo, asociaron la heterogeneidad de la crónica modernista con los límites de la autonomía literaria.

Francisco Contreras, quien escribió veinte años después de la emergencia del modernismo, amplió el espectro de sus lectores hispanoamericanos desde el *Mercure de France*. Contreras no aludía únicamente a los jóvenes *fin de siècle*, ya para entonces desaparecidos, olvidados o consolidados como escritores, sino a un lector culto y a veces indiferenciado al que el cronista pudiera recomendarle lo mismo una colección de poesías que un tratado de historia. En su reseña a la obra de Jorge Huneus Gana de enero de 1913, el chileno se refiere al "lecteur du pays qui trouvera [en el libro] un moyen facile de rappeler l'histoire du progrès mental de sa patrie" ("Lettres Hispano-Amèricaines" CI/374: 428). Por otra parte, si bien Contreras recurre al modernismo como origen y sentido de cualquier movimiento posterior, ignora la relación socio-económica planteada por Coll y Díaz Romero, optando por una periodización en torno a un ideario fundacional inmanente. Para Contreras, el pesimismo de los primeros modernistas provenía de una asimilación mimética de las tendencias estéticas finiseculares europeas, poco consecuentes con el medio americano. Con un criterio evolucionista, Contreras propone la rehabilitación de las nuevas generaciones mediante "l' art original ou autochtone, interprète de la nature et de l' âme nationale ou continuateur de la tradition pure" ("Lettres Hispano-Américaines" LXXXIX/328: 879). Más que un laboratorio donde se fermentan nuevas estéticas como habían propuesto Coll y Díaz Romero, las crónicas de Contreras constituyen un observatorio donde se contemplan las estrellas y los luceros de la cultura. Dada esta intención de observatorio, sus textos presentan una estructura fija, con una subdivisión, "memento", dedicada a "las novedades" que recibe. En esta sección el chileno también da cuenta de las revistas hispanoamericanas. No obstante, ya no celebra el carácter polémico o marginal de una revista, sino su capacidad para atraer un público amplio, manifestando una visión más cercana a la que Vallette tenía del *Mercure de France*. Para Contreras, una revista que se mantiene circulando, a diferencia de un sinnúmero de publicaciones efímeras, es "le foyer oú converge la production intellectuelle du pays" ("Lettres Hispano-Américaines" XCII/340: 884).

A pesar de celebrar este criterio incluyente, Contreras, como sus predecesores, también hace una selección de los productos culturales que reseña, divulga y enjuicia, aunque con otra intención. La selección es disimulada argumentando causas externas a su control, como el grado de producción de los países o a las pérdidas que ocasiona el correo. Inclusive, llega a responsabilizar a los escritores hispanoamericanos residentes en París, lectores históricos de sus crónicas, de esta operación selectiva debido al intencionado bloqueo que estos arman en contra de la difusión que él se propone: "Alcides Arguedas a raconté [...] que lorsque je me suis chargée de cette rubrique, certains confrères résidant à Paris 'jurèrent de ne pas envoyer leurs livres au *Mercure*' pour que je me trouvasse 'comme isolé et sans action'" ("Lettres Hispano-Américaines" *Mercure de France* CCXXV/782: 480).

En realidad, la selección se efectúa en torno a un concepto prefigurado, el de "mundonovismo" que encierra un americanismo trascendentalista, "l'art [...] de la terre jeune et de l'avenir" ("Lettres Hispano-Américaines" CXXXIV/506: 342). Curiosamente, el origen y sentido de este mundonovismo es el modernismo, pero un modernismo que socava la importancia del emergente vanguardismo a través de la glorificación de sus ídolos muertos, Darío, Rodó y Nervo, ya aureolados por la pluma de Contreras en notas necrológicas que exaltan un pasado glorioso y aún cercano en la memoria testimonial del cronista.[72] Para Contreras, Darío sintetiza la idealidad del hombre de letras: poeta y crítico, modernista con *Prosas profanas* y mundonovista con *Cantos de vida y esperanza*.[73] No es casual que Contreras haya escrito la primera biografía sumaria del nicaragüense (1930).[74] Junto a Darío aparece Rodó como el pensador que ha exhortado el ideal común de América Latina ("Lettres Hispano-Américaines" CXVII/439: 519-22). A partir de éstos, el chileno distribuye la producción literaria latinoamericana y jerarquiza países

---

[72] En torno a la muerte de Darío y Rodó, consultar: Contreras "Lettres Hispano-Amèricaines" CXXIII/464: 713-20; en torno a la de Nervo, Contreras "Lettres Hispano-Amèricaines" CXXXV/512: 723-28.

[73] Sobre los juicios de Contreras en torno a Darío, consultar: "Lettres Hispano-Amèricaines" LXXXIX/328: 876-80; CVIII/403: 644-51; XCI/333: 209-14; CXIX/448: 715-23; CV/389: 209-15, y CXLVII/549: 824-30.

[74] La estructura tripartita de la biografía de Contreras refleja esta intención canonizante, también presente en su trabajo de cronista del *Mercure de France*. Vida, obra e historia literaria fundamentan la identidad de su Rubén Darío. La lógica de su historia literaria es la siguiente: una vez superados los errores del modernismo —extranjerismo, "descastamiento" y pérdida de conciencia del destino común de los pueblos hispanoamericanos (*Rubén Darío* 311)– y cumplida la renovación de las formas, este movimiento daría origen a uno nuevo, encaminado precisamente a luchar por la integridad de la "gran patria" hispanoamericana, rehabilitando la idea de Bolívar para las letras (32).

géneros y autores. Les otorga mayor representatividad a Chile, Argentina y México; privilegia la poesía sobre los demás géneros; considera que el ensayo le sigue en importancia, puesto que evidencia el desarrollo intelectual latinoamericano y, en tercer lugar, sitúa la novela, principalmente la mundonovista y la lírica.[75] Entre los poetas más reiterados por Contreras están Amado Nervo y González Martínez, entre los novelistas, Alcides Arguedas y Ricardo Güiraldes, y entre los críticos, Roberto Giusti, José Vasconcelos y Alfonso Reyes.

La labor de Contreras, según indica él mismo, se aleja del comentario porque ha querido hacer crítica "en mettant en lumière leurs qualités et aussi leurs défauts" ("Lettres Hispano-Américaines" CCXXV/782: 479). Esta labor descansa en la necesidad de subrayar el horizonte de un pasado fundacional para el presente y, sobre todo, para el utópico futuro latinoamericano. De aquí que reiteradamente resalte la necesidad de historiar el modernismo y fundar un canon para la literatura latinoamericana, particularmente a partir de la obra de Darío ("Lettres Hispano-Américaines" CXLVII/549: 824-30; CCXXIII/776: 495-500).

Si Díaz Romero y Coll se dieron a la tarea de excluir de su comunidad de lectores ideales a los viejos castellanos o castellanizantes del idioma, así como al detestado público aburguesado, Contreras excluye a los nuevos de su momento, a los miembros de la vanguardia, incomprendida bajo la consigna mundonovista. Si para Coll y Díaz Romero el receptor ideal era aquel esteta incontaminado de la ola materialista, para Contreras se trataba del poeta, el crítico o el novelista que pudiera contribuir a la formación de una conciencia hispanoamericana concebida en términos del mundonovismo.

---

[75] Sobre poesía, consultar "Lettres Hispano-Amèricaines" CVIII/403: 644-51 y CLXX/617: 537-45; sobre el ensayo, "Lettres Hispano-Amèricaines" CV/389: 209-15 y CLV/571: 245- 51, y sobre novela, "Lettres Hispano-Amèricaines" CLVI/576: 812-17.

Pese a las diferencias, Coll, Díaz Romero, Gómez Carrillo y Contreras manifiestan la intención de integrar la literatura hispanoamericana a un circuito de difusión que incluyera al público francés. La conformación de una comunidad lectora más amplia se vinculó a una exégesis del modernismo como movimiento universal. Esta universalidad, entendida no únicamente en base a una definición ontológica de la literatura, sino considerando el modernismo como un producto cultural aceptable en un mercado transatlántico, fue posible en parte a la labor de estos escritores viajeros, quienes, desde la capital francesa, produjeron las bases de una comunidad hispanoamericana de intelectuales. Sin embargo, pese a que estos escritores respondieron afirmativamente al llamado finisecular de la integración cultural y, pese a sus esfuerzos por generar un público francés, sus crónicas están marcadas por una condición periférica: la del extranjero.

El *Mercure de France* presenta una imagen positiva del extranjero sólo cuando se trata de un asimilado en términos lingüísticos y estéticos. En este sentido, el escritor foráneo que contó con una óptima recepción fue el belga Jean Moreas, acuñado francés por parentesco estético. En el caso de los hispanoamericanos, Gómez Carrillo, con espíritu de *rastaquoère*, fue quien mejor respondió a la figura estereotipada del dandy latinoamericano que los parisinos tenían en mente. Son incontables los testimonios sobre la popularidad de su obra en Francia, pero principalmente en torno a su figura, celebrada por parte de la intelectualidad gala (Molloy, *La Diffussion* 26-30). Sin embargo, esta popularidad sólo se circunscribió al guatemalteco y no se generalizó. La mayoría de los escritores hispanoamericanos pasaron desapercibidos y compartieron el sentimiento de incomprensión con Darío, quien por esos años, los del *Mundial Magazine*, intuía en París una "sociedad que se está pudriendo [...] en un exquisito momento del mundo" (Molloy, *Diffusion* 48).

De estos signos ambivalentes avizorados por Darío, signos producidos por la convicción de formar parte de esos hispanoamericanos en París a quienes ningún parisino desea escuchar, se suceden una serie de incógnitas: ¿cómo generar un genuino interés por la modernidad hispanoamericana en el arte y en las letras, si para el *Mercure de France* y para Francia en general, América Latina constituía el borde exótico que justificaba la modernidad del centro? ¿Cómo emparentar el centauro o el sátiro simbolistas al gaucho o al indio americanos? Una respuesta radica en el afán por establecer criterios de diferenciación respecto a las metrópolis, a través de ciertas categorías, discutidas anteriormente por la tradición de las literaturas fundacionales del siglo XIX, como raza y naturaleza.

Coll define la raza como una incesante mezcla de indio, negro y europeo, de psicología compleja y contradictoria, la cual es concomitante al cosmopolitismo francés de última hora. En la lectura de Coll, este proceso de hibridación es homólogo a la modernización. Paradójicamente, el mismo Coll identifica un concepto de raza diferente al arriba citado: la conformada por aquellos que comulgan con un ideario estético más allá de la consanguinidad étnica o del parentesco lingüístico (Lettres Latino-Américaines" XXV/97: 333-34). Por su parte, Díaz Romero asocia el entrecruzamiento, como metáfora de raza, con la autonomía y la universalidad de la literatura, tomando a Darío y a Verlaine como ejemplos. Frente a los hispanoamericanos, Díaz Romero posiciona a Darío como el origen de la ansiedad de las influencias, ya que los jóvenes escritores hispanoamericanos no imitan a Verlaine sino al nicaragüense ("Lettres Hispano-Américaines" XXXVIII/137: 570); con ello, el argentino busca equilibrar la relación entre Verlaine y Darío, primordialmente frente a los lectores franceses; para estos Darío debe ser atractivo en la medida en que lo es Verlaine: un producto de entrecruzamientos de la literatura moderna, evaluado por su universalidad y no por su gota de sangre chorotega.[76]

---

[76] En las "Palabras liminares" a *Prosas profanas*, Darío expresa: "¿Hay en mi sangre alguna gota de África, ó de indio chorotega ó nagrandano? Pudiera ser, á despecho de mis manos de marqués" (48).

Francisco Contreras sublima el concepto de raza entendiéndolo como mezcla unitaria. En sus argumentos se constatan las dimensiones biopolíticas de las teorías raciales en torno al mestizaje, puesto que el chileno da por sentado el fin de las culturas indígenas *per se*. Para Contreras, indios y negros están destinados a la mezcla o a desaparecer, ya que la pureza persiste únicamente como melancolía en el aborigen del triunfo civilizador europeo (Lugones, "La République Argentine et l'influence française" *Mercure de France* LXIII/222: 187). Al igual que su coetáneo, el mexicano José Vasconcelos, Contreras privilegia el concepto de la raza en tanto síntesis homogénea y trascendental; tanto para Contreras como para Vasconcelos, el mestizaje es superado gracias a la presencia de un factor espiritual que anula las "anomalías" raciales propias de todo entrecruzamiento. El chileno define la identidad latinoamericana como unidad racial y la contrapone a la europea, concebida como un organismo de grupos diferenciados; tal es el caso de España y Francia ("Lettres Hispano-Américaines" XCI/333: 212). Esta síntesis racial hispanoamericana conjuga elementos de modernidad y tradición (franceses, españoles y amerindios): "noblesse […] esprit de liberté […] développé par le milieu primitif ou par les gouttes de sang indien; par l'amour du progrès […] et par la culture et l'art français […]" (213).

Las naciones americanas habían establecido su diferencia con las metrópolis en términos, no sólo de raza, sino también de naturaleza. Si América era naturaleza, pero a la vez debía insertarse en el programa civilizador de las metrópolis, entonces había que generar una línea divisoria separando naturaleza y cultura, y esta división no dejó de ser problemática en términos simbólicos (Wasserman 4). La respuesta de los cronistas latinoamericanos en el *Mercure de France* fue contradictoria. Díaz Romero retoma el concepto de naturaleza únicamente como tropo para valorizar el productivo estilo de la novela *Hacia el horizonte* de Francisco Sicardi: "de grands blocs de pierre brute, des coins de forêts vierges et des morceaux de vie féroces […] transportés dans le livre sans la moindre atténuation" ("Lettres Hispano-Américaines" L/174: 829). En las crónicas de Contreras también reaparece esta asociación al describir la obra de Darío: "solennelle comme la Pampa [...] exubérante comme les forêts vierges, âpres comme ces rudes sculptures que la nature a ciselées sur les cimes de Andes" ("Lettres Hispano-Américaines" XCI/333: 210). Se recurre a la naturaleza para otorgar un carácter atractivo a la singularidad americana dentro de categorías orientalistas promovidas por la modernidad europea. No obstante, Díaz Romero también relaciona las características tempestuosas de la literatura hispanoamericana (hibridez de los géneros, falta de equilibrio entre el fondo y la forma, indeterminación del estilo, calidad hiperbólica) con la transitoriedad de los estados americanos, aún en proceso de formación ("Lettres Hispano-Américaines" LI/177: 827-37; LII/179: 537-43).

Por otro lado, se saca provecho de esta transitoriedad, y tanto obras literarias como sus respectivas sociedades latinoamericanas son promisorias de una idealidad futura, atractiva para los europeos, envejecidos por exceso de civilización. Coll aborda a los hijos del siglo positivista con una metáfora del espacio latinoamericano que remite al campo semántico de las ciencias experimentales, al describirlo como un laboratorio de sociología, donde se amalgaman diversas razas y del cual el sabio extraerá la verdad del mañana ("Lettres Hispano-Américaines" XXIV/94: 309). También destaca la potencialidad de este laboratorio para fungir como asilo en las guerras sociales venideras y como receptáculo del sueño socialista europeo: "La terre vierge attend l'embrassement du prolétaire d'Europe sous les feuilles bruissantes où le perroquet des Atures répète avec nostalgie le langage oublié des Indiens" (309). Se trata de un ideal que señala el camino hacia el futuro de la patria. Las viejas naciones indígenas participan en la configuración de esta tierra promisoria, pero sólo si son erradicadas históricamente.

Por otra parte, en las crónicas de Coll el tropo de la naturaleza se presenta también en franca oposición a la labor modernizante del escritor. Este señala que los escritores jóvenes de Hispanoamérica se encuentran: "sous un ciel torride, luttant contre une nature exubérante [...] aspirant à l'idéal les plus parfait de la démocratie sans savoir l'éducation nécessaire pour le réaliser" (304). Aquí la naturaleza remite al letargo socioeconómico y político, en desequilibrio con el renacimiento cultural. Esta problemática es pertinente para el lector europeo en la medida en que apunta hacia el papel de la hegemonía francesa en los procesos de modernización hispanoamericanos, ya que en el *Mercure de France* dicha hegemonía es justificada por su capacidad para potenciar el progreso en América Latina en todas las esferas. Al observar una estatua del dictador argentino Juan Manuel Rosas en el cementerio de South Hampton en Inglaterra, Coll cuestiona el papel de Francia con respecto a la modernización en América Latina al resaltar las contradicciones del cosmopolitismo parisino:

> au Grand' Hôtel de Paris, au Bois, au Moulin Rouge, j'en ai vu d'autres de ces dictateurs que l'Amérique produit aussi facilement [...] Paris est une espèce de bagne libre de dictateurs américains [...] Et de cet manière indirecte et paradoxale, Paris excite les tyrannies et les guerres civiles en Amérique. ("Lettres Latino-Américaines" XXVII/103: 310)

Con ironía, Coll retoma la relación entre literatura y política al sugerir que la modernidad literaria no necesariamente significa modernización social y política en el terreno latinoamericano. El cuestionamiento de Coll esboza las inconsistencias del abrazo de París hacia América Latina. Aquí la postura del venezolano deja de ser la del interior modernista (vitrina, biblioteca o museo) que, según Pera, habían sostenido escritores como Gómez Carrillo y José Asunción Silva al publicitar o coleccionar las imágenes parisinas mediante sus crónicas (191). En el *Mercure de France*, Coll se reubica en un París histórico, no siempre escenario de los jardines de ensueño modernistas, para dar cuenta de la paradójica inserción latinoamericana en la modernidad occidental.

La pertinencia de la hegemonía francesa en América Latina se cuestiona desde otro ángulo en las crónicas de Contreras. La crónica de Leopoldo Lugones ("La République Argentine et l'influence française") prefigura la postura del chileno. Lugones intenta despertar el interés del público francés por el espacio latinoamericano al estudiar un caso particular, el de Argentina, y señalar que el campo cultural no era digno de gran consideración dentro de las políticas nacionales tendientes a privilegiar las esferas comerciales e industriales en su carrera por el progreso material. La presencia inglesa en la industria ferroviaria de Argentina, la implementación de un modelo anglosajón en el sistema educativo y en el quehacer constitucional, eran indicios de que la hegemonía francesa en la Argentina se limitaba a la esfera cultural. Consecuencia de este planteamiento es el mensaje indirecto que Lugones envía al hipotético público francés para cuestionar la convicción generalizada sobre la existencia de un modelo francés imperante en Latinoamérica sin fisuras ni contradicciones. La crónica de Lugones también aborda el tema del panamericanismo norteamericano. En esta el argentino no se dirige al público francés sino al hispanoamericano, y le propone un cosmopolitismo europeo para contrarrestar la amenaza estadounidense.

Como Lugones, Contreras aborda este tema, reiterándolo una y otra vez. El concepto trascendentalista de raza arriba comentado funge, no sólo como término opuesto al binarismo planteado entre lo latinoamericano y lo europeo, sino como un paliativo al panamericanismo estadounidense. A pesar de subrayar que gracias a su labor en el *Mercure de France*, muchos escritores hispanoamericanos ya son conocidos en Francia, el interés que el cronista chileno manifiesta por el público francés contemporáneo parece ser menor que el de sus predecesores Coll y Díaz Romero. Y es que para los años en que Contreras finaliza su labor como cronista del *Mercure de France*, Francia deja de proyectarse como la utopía del progreso y de los valores universales para la cultura latinoamericana. A partir de la Segunda Guerra Mundial, el modelo francés sería sustituido por uno norteamericano.[77]

Para recapitular, en el *Mercure de France*, el modernismo se inserta de manera suplementaria en un espacio reducido, con un ritmo de

---

[77] Consultar Denis Rolland sobre el desarrollo y la crisis de la hegemonía francesa en América Latina.

publicación no del todo continuo y a través de un sólo género, la crónica escrita en francés. Desde la visión editorial, este espacio no estaba destinado a la creación sino a la información adicional y de catálogo; de aquí que el único género representado sea uno que, asociado con el periodismo, informe, valore y defina el modernismo en términos de la geopolítica francesa y su hegemonía cultural. Específicamente, se trataba de la visión antipeninsular del crítico de cabecera de la publicación, Remy de Gourmont, quien equiparaba la independencia política de las jóvenes repúblicas americanas con la tarea emancipadora que los modernistas llevaron a cabo mediante un proceso de hibridación francesa sobre la lengua. No obstante, las crónicas hispanoamericanas ponen de manifiesto una heterogeneidad formal representativa de las contradicciones que confrontan los redactores hispanoamericanos en su propuesta por definir el territorio propio. En este contexto no se trata únicamente de ilustrar la manera en que la literatura, en tanto autónoma, presupone su separación de la esfera pública, sino de las formas en que ésta se relaciona con la reflexión latinoamericanista a partir de la ideología del cosmopolitismo finisecular.

Con los dispositivos de autorización de la mirada literaria que se afilia al afrancesamiento de última hora, Coll y Díaz Romero proponen soluciones relacionadas con la emergencia del campo literario hispanoamericano, cuya autonomía era problemática dadas las circunstancias socioeconómicas. En estas crónicas la literatura se autoriza por su afinidad con la modernidad francesa y por su rechazo al legado peninsular, pero también como el único discurso capaz de resolver los enigmas de la identidad latinoamericana, ya no desde la política, sino desde lo literario. Estos cronistas celebran la excentricidad cultural de América Latina (géneros híbridos, estilos tempestuosos, barroquismo, irreductibilidad del arte, etc.) con la misma autoridad con la que enjuician su letargo socioeconómico y político. En este sentido, la literatura se hace autónoma como un modo alternativo de hablar sobre política, tendencia que se mantendrá, desde otro ángulo, en las crónicas de Contreras. En estas, el chileno sienta las bases para una historia literaria latinoamericana, cuyo punto de partida es el modernismo, entendido como primer movimiento moderno de identidad cultural. Si Coll y Díaz Romero escribieron en el auge de la hegemonía de un modelo francés para la cultura latinoamericana y en la efervescencia de un polémico modernismo que pugnaba por un espacio de enunciación desde los márgenes de la ciudad letrada hispanoamericana, Contreras lo hizo al momento del ocaso de este modelo, y con una visión que veía en el modernismo un antídoto para el vanguardismo de los años veinte y treinta, erigiéndolo en pilar del mundonovismo.

No obstante, a pesar de que estos cronistas se dieron a la tarea de ampliar el espectro de sus lectores europeos, no pudieron contradecir la conocida cita de Darío: "todos estos escritores y poetas que he nombrado, y yo el último, vivimos en París, pero París no nos conoce en lo absoluto" ("La intelectualidad extranjera en París" 248). De aquí que otra forma de entender el cosmopolitismo modernista sea a partir de esta precariedad frente al público francés, como ha señalado Murena: "En el cosmopolitismo modernista se reconoce no ser nada y se logra de tal suerte una cierta forma de ser" (Molloy, *Diffussion* 17).

Capítulo III

El modernismo frente al orden del progreso en la *Revista Azul*

La *Revista Azul* apareció el mismo año que la bonaerense *Revista de América*. Fue fundada en México durante el régimen de Porfirio Díaz (1876-1911) por Manuel Gutiérrez Nájera, alias el Duque Job (México, 1859-95), y Carlos Díaz Dufóo (México 1861-1941) el 6 de mayo de 1894. Se publicó hasta el 15 de octubre de 1896 en 128 números. El pacto de esta con las publicaciones periódicas afiliadas al modernismo hispanoamericano aparecidas en los noventa en otros países de América Latina, se hace evidente al constatar la lista de sus colaboradores.[78] En el artículo inaugural, "Al pie de la escalera", Gutiérrez Nájera, bajo el seudónimo de Duque Job, declara la filiación de la revista con la ideología del arte por el arte: "En los gobiernos parlamentarios, cada ministerio entrante presenta su programa […] ¡Yo nunca he tenido un programa! El arte es nuestro Príncipe y Señor" (1). Esta filiación, aunada al cosmopolitismo promovido por la recepción y publicación de textos europeos, particularmente franceses,[79] fueron factores decisivos para que

---

[78] Destacan: Rubén Darío, Arturo Ambrogi, Julián del Casal, José Martí y, entre los mexicanos, José Juan Tablada, Amado Nervo, Jesús E. Valenzuela, Jesús Urueta, Balbino Dávalos, Rafael Delgado, Alberto Leduc y Francisco M. de Olaguíbel; estos últimos habrían de formar la *Revista Moderna* en 1898.

[79] El número de escritores franceses es el mayor de todos los autores extranjeros publicados en la revista (setenta y uno). Conforman un conglomerado heterogéneo de corrientes estéticas de los siglos XVIII y XIX. Por el número

la crítica la equiparara en su tarea modernizadora con la ya estudiada *Revista de América*.

Al igual que la publicación de Darío y Jaimes Freyre, la *Revista Azul* arguyó localizarse en un sector arriesgado del campo literario, el del artepurismo y decadentismo, también evitó temas controversiales y dio espacio, en gran proporción dada su extensión y duración, a diversas perspectivas estéticas e ideológicas, tanto del ámbito local como del europeo.[80] Como fue también el caso de la *Revista de América*, la *Revista Azul* no constituyó una formación literaria en la que se conjugaran una estética radical y una actitud de insurrección moral o política. No obstante, a diferencia de la publicación argentina donde la concertación política se dio con el objetivo de facilitar la autonomía del campo literario, la *Revista Azul* mantuvo una relación de mayor dependencia con la política de estado.

En primer lugar se trataba del suplemento dominical de *El Partido Liberal* (1885-1896), un periódico subsidiado por el régimen de Díaz y en el que proliferaban los emblemas del mito liberal que lo sustentaba (Hale, *Transformation* 9).[81] La fragilidad de la autonomía de la *Revista Azul*

---

de contribuciones, destacan: Catulle Mendès con dieciséis; Paul Bourget y René Maizeroy, con diez; Guy de Maupassant, Francois Coppée y Pierre Loti, con nueve; Alphonse Daudet y Charles Baudelaire con ocho; Leconte de Lisle, Jean Richepin y Jules Lemaitre con siete, y José María de Heredia, Louis Robert y Marcel Prévost con seis. Después de los franceses, aparecen, por el número de publicaciones, los españoles. Consultar Ana Elena Díaz Alejo y Ernesto Prado Velázquez, *Índice de la Revista Azul*.

[80] Se publican contribuciones de Federico Gamboa, Manuel Flores, Juan de Dios Peza, Luis González y Obregón y Ángel de Campo, alias Micrós, escritores mexicanos asociados al naturalismo, al realismo y al costumbrismo. Las contribuciones francesas provenían frecuentemente de escritores menores o eran poco representativas de la producción de autores importantes.

[81] Según Hale, después de 1870, la contradicción entre el liberalismo clásico y el orden colonial heredado despareció dando lugar a un mito unificador. El

se evidencia en su paralela desaparición a la del periódico, acaecida el 15 de octubre de 1896, al retirársele el subsidio oficial. Enrique Olavarría señalaba que la revista no tuvo lectores suficientes como para consolidar su autonomía en términos económicos:

> Al morir el periódico titulado *El Partido Liberal*, murió también el semanario de literatura que se llamó *Revista Azul* [...] Su suspensión [...] demuestra que el dicho semanario no era órgano de una agrupación literaria que hubiese alcanzado importancia para hacer leer y comprar sus producciones. (1791)

Por su parte, los productores de la revista subrayaban la independencia ideológica del suplemento a pesar de la oficialidad del diario: "Periódico ministerial, pertenecía en todo y por todo al gobierno [...] Como era justo se retribuía nuestro trabajo, pero no se compraba nuestra adhesión" (Díaz Alejo, *Prosa*, 10).

El impulso autonómico de esta revista en el seno de la esfera burocrática nos lleva a retomar la discusión en torno a la relación del modernismo con la política. Es pertinente glosar la argumentación de Julio Ramos a partir de su relectura de la *Ciudad letrada* de Ángel Rama. Ramos detecta en el argumento de Rama una tendencia a establecer una continuidad entre la generación ilustrada y la modernista, subrayando la permanencia de la función ideológica de la escritura, y de la vinculación del escritor con la política como funcionario público. Desde esta perspectiva, el modernismo seguiría siendo parte de la espina dorsal de la ciudad letrada y de su forma de expresión. Ramos rebate a Rama siguiendo una argumentación parecida a la de Pierre Bourdieu para el campo literario francés.[82] Supone que el cambio entre la generación

---

liberalismo, basado en la autonomía del individuo, se transformó en una versión positivista: el progreso se supeditó al orden, y el individuo, al organismo social ("Political" 368-69).

[82] Con un análisis de las transformaciones del campo literario de Baudelaire a Zolá, Bourdieu concluye que la autonomía de este es paradójicamente la

ilustrada y la modernista radica en el modo de autorización de la escritura. A partir del modernismo, el sentido y la función social del enunciado literario ya no están garantizados por las instituciones de lo político, sino que se producen desde un lugar de enunciación que ha diferenciado su autoridad de la del estado.

Como ya se ha planteado, la modernización desigual en América Latina no garantizó la total autonomía de los campos de producción intelectual en este periodo; prueba de ello es, según los críticos, incluyendo a Ramos, la heterogeneidad formal del modernismo. Esta heterogeneidad se evidencia tanto en los contenidos de la *Revista de América* como en las crónicas del *Mercure de France*, revistas estudiadas en los capítulos anteriores. No obstante, como ya se ha planteado también, el discurso fundacional que proponen los productores de estas publicaciones no está vinculado a un imaginario nacional promovido por la voluntad racionalizadora del estado, sino a una reflexión panamericanista a partir de la ideología del artepurismo y del cosmopolitismo finisecular. Si en la *Revista de América* tal reflexión se evidencia como el augurio de la consolidación del modernismo más allá de Argentina como movimiento literario fundacional de la modernidad hispanoamericana, en el *Mercure de France* se manifiesta como la toma de conciencia de la precariedad de la empresa cosmopolita más allá de Hispanoamérica.

Es indudable que en la *Revista Azul* hay una clara tendencia a la demarcación de un campo literario autónomo. De hecho, su aparición está vinculada a una serie de debates que se remontan a la década del setenta, y que esbozan esta demarcación en el contexto mexicano. El protagonista de estos debates fue Gutiérrez Nájera, quien, entre otras cosas, criticaba el retraso de las instituciones culturales como la Academia Mexicana y celebraba la experimentación y el "libre cambio" en el terreno

---

condición necesaria para que surja la figura del intelectual en el sentido moderno (Zolá), ese que regresa a la política (el caso Dreyfus), pero con las reglas y los valores del campo literario (*Rules* 64-129).

literario.⁸³ En este sentido, a lo largo de la serie de debates que moldearon su trayectoria de hombre de letras, su *Revista Azul* constituyó una última posición polémica frente al concepto realista de "literatura nacional" en México.

Paradójicamente, con esa misma propuesta artepurista y cosmopolita que abanderaban Gutiérrez Nájera y sus colaboradores, la revista también promovió un imaginario nacional vinculado a los idearios del Porfiriato. De aquí que esta publicación pueda leerse, más allá del modernismo y del propio Gutiérrez Nájera, como una publicación porfiriana. Es pertinente regresar en este punto al argumento de Rama examinado por Ramos y preguntarse entonces si, para el caso mexicano que Rama mismo subraya, no es del todo erróneo asumir la continuidad de la interdependencia entre el poder central y los letrados. En palabras de Rama:

> Es el modelo mexicano del Porfiriato, que logró sobrevivir a las vicisitudes de la revolución [...] el que permite avizorar las razones que sostuvieron la forma contemporánea de la ciudad letrada. Con una intensidad que no se encontrará con iguales términos en otras

---

[83] La primera polémica se dio entre Gutiérrez Nájera, Francisco Sosa y Pantaleón Tovar (quien firma P.T.) en 1876 en torno a la colección de poesías de Agapito Silva, y se prolongó por varios meses en *El Federalista*, *La Iberia* y *El Monitor Republicano*. Las objeciones positivistas y moralizantes de Sosa y Tovar al erotismo de estas poesías y a su carencia de intención cívica, generaron la conocida respuesta de Gutiérrez Nájera, "El arte y el materialismo" (*El Correo Germánico*, septiembre 1876), citada en el primer capítulo. Para un resumen de esta polémica, consultar Carter, *Nájera. Estudio* (29-80); también en Belem Clark de Lara y Ana Laura Zavala Díaz (3-32), quienes además rastrean las posiciones polémicas de Gutiérrez Nájera a partir de entonces. Entre los textos que estas autoras compilan destacan: "La Academia Mexicana" de 1884 (37-40), "Literatura propia y literatura nacional" de 1885 (81-90) y "El cruzamiento en literatura" de 1890 (91-100), este último también publicado en la *Revista Azul*, como se indica en la bibliografía.

> capitales latinoamericanas, allí se conjugaron dos fuerzas que se buscaban: el ansia de los letrados para incorporarse a la ciudad letrada que rodeaba al poder central [...] y el ansia de éste para atraerlos a su servicio, obtener su cooperación y hasta subsidiarlos, prolongando una áulica tradición colonial que se había comenzado a disolver en muchos otros países. (*Ciudad* 121)

Más que a una prolongación inmanente de la tradición colonial, la alianza entre la política y los intelectuales durante el Porfiriato se debió también a ciertas condiciones históricas, entre estas, la consolidación del Estado oligárquico a través del aumento de su infraestructura, y el crecimiento de la clase intelectual, cuyo ascenso social estaba vinculado a los organismos del poder (educación y acceso a la profesionalización). El periodismo, que en otros países, al decir de Rama, sirvió de cobijo a un pensamiento opositor, fue altamente subsidiado en México, con lo que la autonomía intelectual quedó en entredicho.[84]

El historiador Mauricio Tenorio se ha referido a la centralización y homogeneización de la ciudad letrada durante el Porfiriato en términos parecidos. En su estudio sobre la representación de México en las ferias universales, alude a las imágenes nacionales que proliferaron durante el período como representativas de la función de la ciudad letrada, la de producir mensajes simbólicos para facilitar el proyecto político-económico del estado. Tenorio subraya la permanencia de esta función incluso dentro de la heterogeneidad de los contenidos de estas imágenes: "Regardless of the specific content of the image of the nation, in Mexico

---

[84] Sobre el periodismo porfiriano consultar Speckman y Toussaint. Belem Clark (*Tradición y modernidad* 21-79) y José Ismael Gutiérrez (*Manuel Gutiérrez Nájera* 44-82) dedican un capítulo al tema. Casi todas las fuentes coinciden que la oposición a la prensa oficial, tanto de derecha (clerical) como de izquierda (liberal jacobina), fue neutralizada hacia finales del siglo con la aparición del periodismo industrial y noticioso. A partir de 1896, el subsidio se concentró en *El Imparcial*, diario de Rafael Reyes Spíndola convirtiéndose en la principal columna publicitaria del régimen (Speckman 113).

that image has always been officially created, promoted, and cancelled by a central authority" (252).

No es extraño entonces que la *Revista Azul* haya promovido una recepción de sus contenidos heteróclitos favorable al consenso estatal a través de diversas políticas editoriales, entre otras, la recepción concertada de ciertos autores (Justo Sierra, Luis G. Urbina y Gutiérrez Nájera entre otros) y la orientación de temáticas relacionadas con el credo artepurista y decadentista hacia una simbología de valores regenerativos, ya fuera desde la visión positivista que caracterizó la administración porfiriana, o desde la ética católica recuperada por la cultura hegemónica como medida de control social en este periodo.

Una de estas temáticas fue la incertidumbre religiosa. En Europa, la iglesia católica había perdido hegemonía ante la ola secular acarreada por el positivismo (Pierrot 80). Por ello, los artistas finiseculares encontraron en el arte una nueva espiritualidad. Phillipe Jullian escribe al respecto:

> The Symbolists' souls dream of knowing the bliss or the disgrace of the angels, and often hesitate between God and Satan. It is by way of art that they approach the divine; they follow the mystical chimera, but it is rarely that they attain their heavenly goal. (71)

La revista abordó esta preocupación a partir de diversas perspectivas, incluyendo contribuciones en que se constataba la tensión entre la devoción cristiana y una sensual urgencia de profanación, propia de obras decadentes (Pierrot 87). Este es el caso de los relatos de Jules Lemaitre y Anatole France, y del poema "En la misa de gallo" del español Salvador Rueda.[85] En este poema, la voz poética irrumpe irreverente sensualizando el carácter sagrado de una misa católica andaluza. Las creyentes son representadas como objetos de deseo y el sentido erótico

---

[85] De Lemaitre, "Myrrha"; de France, "Poncio Pilatos". De Rueda, la revista publicó, además de este, veiniocho poemas, dos ensayos y siete cuentos.

del poema se agudiza al resaltar el goce de lo prohibido (116). Dentro de este corpus, la revista ubicó y privilegió un poema mexicano, "El beato Calasanz" (8-20) escrito por Justo Sierra (México, 1848-1912), un miembro del grupo de intelectuales porfirianos conocidos como los científicos.[86] Desde el periódico *La Libertad* (1878-1884), este grupo había proclamado una teoría positivista pero heterodoxa que sirvió de base intelectual al poder central. Los científicos resumían su plan modernizador en tres acciones básicas: repudiar la anarquía, reconciliar partidos en pugna y fortalecer el poder del estado (Hale, "Political" 388). Es sabido, sin embargo, que la posición de Sierra frente al campo cultural y al político se transformó innumerables veces.[87] Por ello, Carlos Monsiváis lo ha descrito como:

> [...] el intelectual formidable, quien apoya a los ateneístas en sus embestidas académicas contra la educación anquilosada que él preside, el arquetipo del intelectual como hombre de Estado, es también el autor de la mejor justificación teórica de las represiones porfirianas [...] Como ningún otro, encarna las contradicciones internas de la clase dominante. (315-16)

En la *Revista Azul*, Sierra también se proyectó como un intelectual representativo de diversas tendencias y credos. Fue asociado a Ernest Renan por su inclinación al estudio histórico y secular de la religión con relatos como "En Jerusalén". Se le vinculó al movimiento parnasiano

---

[86] William Raat identifica a Justo Sierra, José Ives Limantour, Francisco Bulnes, Pablo y Miguel Macedo, Rosendo Pineda, Manuel Flores, Joaquín Casasús, Ramón Corral y Enrique Creel como las principales figuras del grupo (*Positivismo* 109).

[87] En 1887, Sierra favoreció el fortalecimiento del estado y del presidente Díaz en nombre de un orden científico. Años después, durante el debate de 1893-94 y siguiendo los mismos postulados científicos, Sierra se inclinó por una política constitucionalista que limitara la autoridad de Díaz (Hale, "Political" 393-94).

por sus traducciones de Leconte de Lisle y José María Heredia.[88] También fue reconocido como precursor importante del grupo modernista. Su prólogo a la colección de poesías de Gutiérrez Nájera (1896), publicado en la *Revista Azul*, es un detallado diagnóstico del fenómeno modernista en México.[89]

"El beato Calasanz" presenta la tensión entre la ciencia y el catolicismo, así como la distorsión de la fe debido a la irrupción de un sentimiento erótico reprimido. El personaje central es histórico.[90] No obstante Sierra lo dramatiza al representarlo como un monje agonizante cuya vida ha sido prolongada por una hora gracias a la intervención de la ciencia, pero, en espera de redención cristiana, muere atormentado por visiones sexuales sacrílegas sin prueba alguna de redención divina ("El beato Calasanz" 20). En el poema se mantiene una visión secular, por ello Gutiérrez Nájera lo caracterizó como un drama filosófico bajo la influencia de Renan ("La 'primera' del 'Calasanz'" 21).

En la arena cultural, el poema propició algunos debates sintomáticos de las brechas generacionales e ideológicas entre los escritores afiliados a las emergentes tendencias literarias que privilegiaban la subjetividad del poema y aquellos que favorecían lecturas orientadas a la viabilidad teológica del mismo.[91] Sin embargo en la *Revista Azul* el poema tuvo una recepción favorable por parte de diversas facciones culturales. El positivista Manuel Flores, por ejemplo, apreció la calidad parnasiana del

---

[88] Varios de los *Poèmes Antiques* y *Barbares* de Leconte de Lisle y de los *Trophées* de Heredia aparecidos en la revista fueron traducidos por Sierra ("De los 'trofeos'" y "En la última página de los *Poèmes Barbares*" son ejemplos).

[89] "Fragmentos de un prólogo" y "El final de un prólogo".

[90] José de Calasanz (1557-1648) fue un beato español que fundó las *Escuelas Pías*, por lo que se le considera padre de la educación católica gratuita. Fue beatificado en 1748 por el Papa Benedicto XIX y canonizado en 1767 por Clemente XII (Miguel Beltrán Lloris 83-84).

[91] El debate entre Amado Nervo y Rafael Ángel de la Peña es un ejemplo. Citado por Díaz Alejo, *Índice* (74).

poema: "Esculpe granito y resuena el bronce" ("El beato Calasanz" 53); en contraste, Gutiérrez Nájera, celebró su acuosa agilidad lingüística, más cercana al sensualismo verlainiano: "caía el verso inflamado, como chorro de bronce derretido" ("La 'primera' de 'Calasanz'" 23). Aunque desde perspectivas estéticas divergentes, ambos escritores celebraron los elementos formales del poema sin propiciar controversia en la lectura a partir de su temática pesimista. Más que una crítica a la modernidad, el pesimismo "fin-de-siècle" del poema fue apreciado como un indicio de la misma; pesimismo era, en este sentido, sinónimo de contemporaneidad y cosmopolitismo, prueba de que México compartía la sensibilidad finisecular occidental en el ámbito de la cultura. Durante el Porfiriato, el ideal nacional se concebía como un constructo occidentalizado orientado hacia los mercados internacionales y reglamentado a través de paradigmas cientificistas (Tenorio 250); de aquí que el cosmopolitismo fuera un ingrediente cultural consecuente con este proyecto de nación.

Por otra parte, Sierra le dedica el poema a Guillermo Prieto (México 1818-97), describiéndolo como "el gran poeta nacional" ("El beato Calasanz" 8). Prieto era un escritor poco propicio al hastío finisecular por estar asociado con el optimismo épico de la nación. Pilar del liberalismo clásico, este se vinculaba a la figura del ex-presidente Benito Juárez, uno de los íconos del mito liberal del régimen. La administración de Juárez (1858-1872) se había caracterizado por sustentar los principios jacobinos del liberalismo clásico en un periodo de intensa anarquía social. Con la Reforma (1858-61), el programa liberal de Juárez estableció medidas tendientes a la secularización del Estado. No obstante, después de la intervención francesa (1862), también se instauraron políticas tendientes a conciliar las facciones liberales y conservadoras. Fue durante el régimen de Díaz que este esfuerzo conciliador se llevó a cabo al interior del propio partido liberal. A pesar de que Díaz había subido al poder a través de una rebelión armada en contra de Sebastián Lerdo de Tejada, sucesor de Juárez, fue precisamente durante su gobierno que tuvo lugar la glorificación de Juárez como padre del liberalismo en periódicos como *El Partido Liberal* (Hale, *Transformation* 9) y también en su suplemento. La inclusión de Prieto con contribuciones realistas que recreaban lo popular como ingrediente básico de una literatura nacional en una revista que enarbolaba la bandera del cosmopolitismo y el artepurismo es parte de este esfuerzo conciliador.[92]

Paralelamente a la tendencia secular instaurada por contribuciones como el poema de Sierra, la *Revista Azul* promovió valores católicos. A pesar de que las políticas liberales de la Reforma de mediados de siglo habían limitado la participación de la Iglesia en la vida pública, el catolicismo nunca abandonó la escena cultural de México. Se había arraigado en el dominio popular y colectivo; por ello, durante el régimen de Díaz habría de ser manipulado como un instrumento de control social. El ejemplo más contundente en la revista es el del propio Gutiérrez Nájera, la encarnación del artepurismo en la revista y también una figura católica ejemplar. A diferencia de los estetas ingleses, cuya espiritualidad estaba basada en una reconfiguración transgresora de la simbología cristiana y, en contraste con Verlaine o Huysmanns, cuya reconversión católica se dio únicamente después de haber enarbolado como única religión la del arte por el arte, Gutiérrez Nájera se mantuvo siempre arraigado a las creencias católicas. En su crónica "Asunción" hace de la virgen el emblema del cristianismo por su pureza y su condición de madre universal: "Los dioses de mármol no ven que padecemos [...] El hombre necesitaba una madre para quejarse a ella, y el cristianismo se la dio" (241).[93] Belem Clark ha aludido a la dualidad del pensamiento de Gutiérrez Nájera, al abogar por "un justo medio, en el que pudieran coexistir, sin conflicto, los principios científicos [...] con los dogmas

---

[92] La revista publicó varias contribuciones de Prieto, por ejemplo: "En el dolor" y "El canto del salvaje". De las contribuciones de Prieto destaca el episodio heroico en que este le salva la vida a Juárez ("Una página de historia nacional"). También se publicaron contribuciones de Ignacio Manuel Altamirano, padre de este nacionalismo literario ("El año nuevo" y "Páginas olvidadas" son ejemplos).

[93] Véase también "El asno a Jerusalén" y "La Virgen de Guadalupe".

religiosos que aseguraban [...] la revelación de un 'destino providencial e inexorable'" (*Tradición y modernidad* 142). No es extraño que tal utopía cuadrara perfectamente con el imaginario porfiriano del progreso.

La implementación de una simbología femenina como la mariana de Gutiérrez Nájera, que promoviera valores regenerativos como medida de restricción moral, también se manifiesta explícitamente en el terreno de lo político con la representación de la católica esposa de don Porfirio, Doña Carmen Romero Rubio, un símbolo de la esfera privada porfiriana, complementaria de la pública y sus masculinos retos. Una semblanza escrita por el escritor francés François Coppée (1842-1908), de la esposa del recién asesinado presidente Marie François Sadi Carnot, puede ser leída como intertexto de los retratos de Carmen por Gutiérrez Nájera y Díaz Dufóo. Escrito bajo la impresión del recién acaecido suceso,[94] el retrato de Coppée enaltece las características emblemáticas de esposa-madre integrándolas al luto nacional ("Madame Carnot" 191). Esta semblanza es también un tributo a una Francia amenazada por el anarquismo. Al insertarse en la disposición espacio-temporal de la revista, la semblanza se convierte en la lectura de una comunidad de mexicanos cultos que comparte con Francia el culto del arte por el arte en su versión parnasiana (Coppée era considerado un representante de este movimiento) así como la oposición política al anarquismo. En secciones editoriales como la columna semanal "Azul Pálido", Díaz Dufóo expresa repetidamente el repudio al anarquismo,[95] también condenado por

---

[94] Sadi Carnot fue apuñalado por el anarquista italiano Sante Jeronimo Caserio el 24 de junio de 1894 durante un banquete público en Lyons.

[95] Consultar "Azul Pálido" 1/9 (1 julio 1894): 144; 1/10 (8 julio 1894): 160; 1/11 (15 julio 1894): 175. Con el título génerico de "Azul Pálido", Díaz Dufóo publicó innmerables crónicas. Consecuentemente, para poder precisar a qué crónica se alude, es necesario proporcionar, dentro de la información parentética, el volumen, el número, la fecha completa (al tratarse de un semanario) ademas de las páginas. Todas las crónicas citadas se enlistan además en la bibliografía.

Gutiérrez Nájera (alias Duque Job) como "átomo de inmensa epidemia" ("La muerte de Sadi Carnot" 129).

La semblanza de doña Carmen por Gutiérrez Nájera rememora la de Madame Carnot por Copée. A pesar de provenir de contextos históricos y políticos disímiles, ambas composiciones interpretan aquellos atributos considerados femeninos (amor incondicional, humildad, devoción) como rasgos distintivos de un ideal nacional. En el retrato de Gutiérrez Nájera, la nobleza personal de Carmen se compara con la humildad del pueblo, la cual es también sinónimo de grandeza nacional ("Medallones Femeninos. Carmen Romero Rubio de Díaz" 162).

Por su parte, Díaz Dufóo (bajo el seudónimo de Petit Bleu) representa a Carmen como ejemplo de caridad, un valor eminentemente burgués y también señal de la conocida profesión de fe de la primera dama en los círculos sociales mexicanos. Por otro lado, este valor se universaliza: "Mañana se ha adelantado a hoy, porque mañana tiene un ideal y lleva nombre: se llama Carmen y es Caridad" ("Azul Pálido" 1/11 [15 julio 1894]: 176). El crítico revierte la lógica del calendario que ofrece la revista mediante su periodicidad semanal y se refiere al futuro (el próximo número de la revista) como si fuera un eterno presente, cuando se trata de la primera dama, emblema de la caridad universal.

Al reportar eventos mundiales de manera simultánea a los locales dentro de esta periodicidad semanal, la revista también emula la temporalidad nacional a la que se ha referido Benedict Anderson en su estudio sobre las comunidades imaginarias.[96] El día de la Bastilla es un buen ejemplo. Se trata de una fecha que pierde densidad histórica en el contexto mexicano, pero que mantiene la expectativa de la verbena

---

[96] Anderson define la concepción secular y nacional del tiempo en los siguientes términos: "a 'homogeneous empty time,' in which simultaneity is, as it were transverse, cross-time, marked by [...] temporal coincidence, and measured by clock and calendar" (24).

popular estipulada en el calendario. La *Revista Azul* reporta esta fecha como espectáculo comunitario en un espacio público; en este sentido, se homologa a una celebración nacional. Sin embargo, no se trata de una conmemoración épica, sino de una fiesta ligera y alegre, propia de una urbe cosmopolita. Gutiérrez Nájera escribe al respecto:

> En la toma de la Bastilla yo no estuve. Pero en el catorce de julio sí he estado varias veces […] El catorce de julio llega alegre, bien vestido, con muchas flores en la mano y buscando a las damas a quienes desea dar esas flores […] ("Para mañana" 161)

Este tono festivo se prolonga en muchos números de la revista para significar el espacio nacional. A lo largo de sus páginas, México aparece como un país urbano y elocuente, representado únicamente por su capital, la cual es también personificada: se trata de "una señorita que acaba de vestirse de largo y concurre ya al mundo" como afirma Díaz Dufóo alias Petit Bleu ("Azul Pálido" 2/21 [24 marzo 1895]: 340). El atuendo de esta *debutante* remite al espacio figurado de una urbe nocturna, cuyos entornos amenazantes y peligrosos han sido disipados por el glamour de la luz eléctrica. La visión idealizada de la ciudad contrasta con las estadísticas y las observaciones que los periódicos publicaban. Pablo Piccato señala al respecto:

> The city suffered from deforestation, desiccation of the lakes, and fetid smells. Some areas, especially working-class settlements, displayed the worst effects of rapid growth in the streets, the dirty and emaciated bodies of the poor were as evident as the clouds in the clear skies. ("'El paso'" 209)[97]

La señorita, emblemática de la capital, no sólo asiste al baile de máscaras de la modernidad, sino que compite por un lugar protagónico, equipada con la universalidad de su lenguaje literario y escoltada por sus

---

[97] Piccato profundiza esta lectura de la ciudad como espacio de contradicciones, principalmente en relación a los discursos sobre la criminalidad en su libro *City of Suspects: Crime in Mexico City, 1900-1931*.

delegados (poetas y críticos) de la *Revista Azul*. Al ser una recién llegada, también retiene la frescura de su juventud, además de ostentar el glamour de su cosmopolitismo. Estos atributos son conferidos a la propia revista, representada por Gutiérrez Nájera como una rubia recién bautizada por sus productores:

> Apolinar Castillo [...] varón justo que levantó la idea desnuda, la vistió de azul como queríamos, le puso casa y cuando nos retirábamos vergonzosos creyendo que la criatura era de él, nos dijo: –Reconocedla, es la de ustedes [...] Dirán muchos que azul no sirve para nada [...] contesto lo que Franklyn decía del primer Mongolfier: para lo que sirve un niño cuando acaba de nacer [...] Quiso el padrino que Azul fuera rubia. ("El bautismo de la 'Revista Azul'" 98)

Eventualmente, los escritores de la *Revista Azul* habrían de concebir su público en términos igualmente femeninos. Díaz Dufóo promueve la idea de una comunidad de lectoras imaginada a través de un arquetipo, el de la musa de los poetas que escriben la revista: "Las mujeres hermosas no deberían tener nombre. Beatriz, Margarita, Laura [...] ¿no sois siempre la misma enamorada ideal de nuestros sueños?" ("Azul Pálido" 4.8 [22 diciembre 1895]: 128).

Por lo anterior, es difícil pensar que las lectoras de la revista fueran víctimas del hastío y la tristeza fin de siglo como proponía el discurso decadente, ya que el tono predominante en la mayoría de sus páginas es el de una perpetua fiesta nacional. De aquí que Carlos Díaz Dufóo haya aludido al carácter impostado del decadentismo fuera de su contexto europeo, a pesar de ser tan celebrado por los productores de la revista: "El decadentismo americano es un niño que se hace viejo. No creáis en sus blancas barbas: Son postizas" ("Azul Pálido" 1/11 [15 julio 1894]: 175).

Esto explica que las publicaciones alusivas a la representación decadente de la mujer en que se cuestionan el amor romántico y la candidez femenina a través del sarcasmo o de la ironía sadomasoquista,

hayan sido menores y extranjeras.[98] En ocasiones, los productores de la revista orientaban la lectura de estos textos censurando su veta decadente; con ello, contribuían a la construcción de subjetividades femeninas que fueran viables a la noción de progreso porfiriano: mujeres informadas de las novedades de París pero también castas habitantes del espacio doméstico. Un ejemplo es el comentario que precede a "Nuevas cartas de mujeres" de Marcel Prévost:

> Para las lectoras de la *Revista Azul*, que tienen de parisiense el encanto y la elegancia, pero no otras cosas, el libro de Marcel Prévost está prohibido por papá o por Monsieur. Pero hay en él dos historietas que pueden ser leídas [...] porque la escena pasa en París, y porque allá hay costumbres muy diversas de las nuestras. (*Revista Azul* 1/3 [20 mayo 1894]: 39)

Dentro del corpus de publicaciones sobre la Nueva Mujer, la revista dio espacio, en junio de 1895, a otro poema mexicano, "Una juventud" de Luis G. Urbina, secretario de redacción de la revista. Para Gutiérrez Nájera, Urbina era un escritor afiliado a la sensibilidad finisecular europea: "¿Qué lee? las flores del mal de Baudelaire, la vida de Jesús de Renan, la Salambô de Flaubert" ("Luis Urbina" 100).

No obstante, el poema de Urbina no subvierte las nociones evolucionistas y positivistas del progreso desde el nihilismo de la posición decadente. En realidad, se trata de un poema basado en una perspectiva seudocientífica de la herencia. La voz poética caracteriza la moralidad desviada del personaje femenino como rasgo patológico, y sostiene la validez de valores convencionales al expresar un abierto temor a la mujer pecaminosa. El protagonista masculino del poema no tiene empatía con las preocupaciones estéticas de los héroes decadentes; su dilema no

---

[98] Relatos como "Los ojos de Lina" del peruano Clemente Palma, "Galatea" del cubano Julián del Casal y "¿Cuál es la verdadera?" de Baudelaire son ejemplos de la visión decadente.

es literario, sino moral y social: asumir un papel maternal o dejar morir a la hija que, al ser mujer, está destinada a perpetuar por vías hereditarias el vicio de la madre.

Después de la publicación de "Una juventud," Urbina también fungió como una figura de conciliación cultural en la *Revista Azul*. Ángel de Campo, por ejemplo, destacó su doble vocación científica y poética: "[...] aplica la ciencia al ensueño; un bisturí con deliciosas incrustaciones de nácar" ("Luis G. Urbina" 107). Urbina fue apreciado como un escritor moderno principalmente debido a su filiación con el parnasianismo y no con la sensibilidad decadente. Manuel Torres Torija percibió en este escritor un procedimiento consecuente con la interpretación que la revista tenía de este movimiento francés: "cultivar y difundir la forma soberana del realismo, vaciándola en el molde exquisito de la poesía" (183). Y es que con el credo de Leconte de Lisle, el de reunir arte y ciencia en el poema,[99] el parnasianismo fungió en la revista como coartada para afirmar la universalidad del arte y al mismo tiempo justificar el progreso positivista.

Sin embargo, más que Sierra o Urbina, la figura pública más recurrida en la *Revista Azul* es la de Gutiérrez Nájera. La vinculación del culto del arte por el arte con la filiación francesa que la revista enarbola y que hace explícita desde el título de la misma, se condensa en la obra del Duque Job. Junto con Díaz Dufóo,[100] fue el principal teórico de la revista al sostener una visión cosmopolita y artepurista del arte, apoyar el "libre

---

[99] "L'art et la science, longtemps séparés par suite des efforts divergents de l'intelligence, doivent donc tendre à s'unir étroitement" (119).

[100] Díaz Dufóo publicó doscientos quince textos (cuarenta y siete ensayos, diecinueve cuentos y ciento cuarenta y nueve crónicas), la mayoría de ellos firmados bajo los seudónimos de Monaguillo y Petit Bleu. Sobre la decadencia europea y sobre Casal y Gutiérrez Nájera como decadentes, Díaz Dufóo escribió "La Pereza", "Los tristes", "Un problema fin de siglo" y "Azul Pálido" 2/26 (28 abril 1895).

cambio de ideas" en el terreno cultural, y oponerse al positivismo y al nacionalismo literario, representados por Juan de Dios Peza.[101]

En la *Revista Azul*, Froylán Turcios compara a Gutiérrez Nájera con el cubano Julián del Casal (77). El escritor cubano se había convertido en el poeta emblemático del decadentismo en América Latina a raíz de su prematura muerte en 1893. Su obra y figura también eran representativas de una preocupación finisecular: la de la marginación del arte frente al utilitarismo. Por ello, en la *Revista Azul* Rubén Darío lo caracterizó como un hijo de Francia deportado a tierras americanas:

> Nació allí en las Antillas, como Leconte de Lisle en la isla de Borbón, y la emperatriz Josefina en la Martinica. ¡La casualidad tiene sus ocurrencias! Si Casal hubiese nacido en París [...] Yo me descubro respetuoso ante ese portentoso y desventurado soñador que apareció, por capricho de la suerte, en un tiempo y en un país en donde, como Des Esseintes, viviría martirizado y sería siempre extranjero. ("Julián del Casal" 394)

Si bien descrito como el alma gemela de Casal, la caracterización de Gutiérrez Nájera en la revista distó de ser la del extranjero o la del incomprendido. De hecho, otro asiduo colaborador de la revista, Ángel de Campo, consideraba que el Duque Job era uno de los pocos escritores del periodo que alcanzó popularidad, pese a que el criterio nacional no estuviera a la altura de su proyecto literario innovador:

> Más tarde el Duque ha sido una excepción, sobreviviendo sin dejar más de dos volúmenes, siendo aplaudido cuando su obra se halla

---

[101] En "Al pie de la escalera" y "El bautismo de la 'Revista Azul'", caracteriza la revista como el foro de una estética desvinculada de lo ideológico, lo político y lo utilitario; también asocia el credo del arte por el arte con la inclinación de la revista por la literatura europea. En "El cruzamiento en literatura" propone el libre cambio de ideas como manera de superar el legado colonial peninsular (291). También se opone a las tendencias nacionalistas de Juan de Dios Peza (292). Sobre la crítica literaria de Gutiérrez Nájera en general, consultar Ismael Gutiérrez (*Manuel Gutiérrez Nájera* 44-82).

dispersa, siendo apreciado y admirado cuando, y lo diré de una vez, el criterio nacional no está para comprenderlo. ("El Duque Job" 221)

La figura pública de Gutiérrez Nájera era mucho más importante que la de Casal en el contexto porfiriano; por ello, su lectura estaba encaminada a promover una ética positivista del trabajo, una actitud cívica y, como hemos visto, una espiritualidad católica. Por ejemplo, su impecable apariencia era reiterada en la revista: "Pantalón claro, levita negra, con un clavel rojo en el ojal" (Díaz Dufóo, "Al rededor del lecho" 214). Dicha apariencia era idónea para construir la imagen de un escritor respetable, como lo ilustra la interpretación de Manuel Flores: "Nájera [...] fue el primero que se aventuró en llevar gardenia en el ojal, a pagar a sus acreedores, y que comenzando por respetarse a si mismo acabó por hacer respetables la literatura y la poesía" ("El Duque Job" 213). La honorabilidad de Gutiérrez Nájera provenía en gran medida de su rechazo a los paraísos artificiales y a la bohemia, ese "bosque de Dandy florido [...] donde se goza de plena libertad, y en donde vienen a solazarse las musas, pero en cuyas encrucijadas y vericuetos anida una cuadrilla de bandoleros: los vicios" (Flores 213). La apariencia del Duque Job evocaba, más que al decadente francés, al esteta inglés por su pulcritud.[102] No obstante, los estetas "no tenían más patria que la belleza" (Jullian 26), y Gutiérrez Nájera fue caracterizado, paradójicamente, como un ciudadano ejemplar (buen padre, esposo ideal y amigo incondicional), que pasaría a la posteridad, más que por su obra, por su cívica bondad (Adalberto Esteva 216).

La promoción y canonización de Gutiérrez Nájera como escritor modelo tuvo lugar principalmente después de su prematura muerte

---

[102] Jullian señala que en Inglaterra, con la excepción de Wilde, no se dio un personaje decadente a lo Rollinat y a lo Lorrain como en Francia, donde la recepción de *Las flores del mal* había propiciado la proliferación de temas y actitudes decadentes. El esteta inglés era el personaje masculino prototípico del arte prerrafaelista y se caracterizaba por su culto a la belleza (29).

acaecida en 1895. Fue entonces cuando la revista publicó más de dieciocho homenajes, reseñas y semblanzas sobre su fundador.[103] La obra misma de Gutiérrez Nájera siguió publicándose aún con mayor frecuencia, lo cual revela el curso de su canonización. Antes de su muerte, la revista había publicado cuarenta textos (cinco poemas, ocho ensayos, veinte crónicas y siete relatos). Después de su muerte se publicaron cuarenta y tres (diez poemas, cuatro ensayos, veintitrés crónicas y seis relatos). Esta distribución no solo indica la intención de continuar la promoción de la obra de Gutiérrez Nájera, sino la importancia que sutilmente se le asignó a su poesía, duplicando el número de publicaciones de este género. Curiosamente, es su prosa la que cumple un papel de mayor importancia en la revista, puesto que se publicaron únicamente quince poemas frente a setenta y seis escritos en prosa. Fue en este ámbito que el Duque Job se forjó un estilo irónico y colmado de dobles sentidos, lo que ha interesado a sus críticos más recientes.[104]

Finalmente, la canonización de Gutiérrez Nájera también se vinculó a la de Benito Juárez como "padre del liberalismo". De aquí que esta canonización no concerniera únicamente al campo literario, sino también al político, pues contribuyó al fortalecimiento del mito liberal del régimen. Afiliándose a la concepción parnasiana del escritor como un escultor que cincela piezas literarias imperecederas e incorruptibles, Gutiérrez Nájera mismo escribió sobre Juárez en los siguientes términos: "No es el mar con su hervor de espuma [...] es la roca en que se estrella el mar

---

[103] Boyd y Joan Carter compilaron la crítica aparecida en la *Revista Azul* en torno a Gutiérrez Nájera en *Manuel Gutiérrez Nájera. Florilegio crítico conmemorativo* (25-94).

[104] Sobre la ambigüedad y la ironía en Gutiérrez Nájera, consultar Bertin Ortega. Sobre sus estrategias narrativas, Ismael Gutiérrez (*Gutiérrez Nájera* 141-76); sobre la ficcionalización del yo autorial en la crónica najeriana, González Pérez (*Journalism*); sobre las características del cuento en Nájera, Mora (35-61). Consultar, asimismo, *Memoria. Coloquio Internacional. Manuel Gutiérrez Nájera* que compendia enfoques recientes de varios autores.

[...]. Aparece en su augusta tranquilidad como la imagen viva de la patria" ("Juárez" 177). En una semblanza necrológica publicada en la revista, Díaz Dufóo coloca a Gutiérrez Nájera, al lado de Juárez, por encima de las contradicciones entre la estética modernista y el progreso liberal: "Y ahora vamos a su tumba, transformando el dolor que mira hacia la fosa en dolor que mira hacia la estrella [...] a decirle lo que él ante el sepulcro de Juárez: Capitán [...] estamos listos!" ("Mañana" 223).

La desaparición de la *Revista Azul* no significó que la canonización del Duque Job siguiera su curso en los años venideros. Este habría de reaparecer como figura prototípica del modernismo y su "belle epoque" mexicana en la institución literaria más ambiciosa del Porfiriato: La *Revista Moderna* en sus dos épocas. A esta publicación le dedicamos el siguiente y último capítulo.

Capítulo IV

Del interior modernista al foro público: la *Revista Moderna* en sus dos épocas

La Revista Moderna (1898-1903), posteriormente *Revista Moderna de México* (1903-1911)[105] conformada por noventa y seis números agrupados en dieciséis tomos, se ha considerado como la sucesora de la estudiada *Revista Azul* en México.[106] En general, se ha leído siguiendo criterios de periodización literaria, ya sea como receptáculo de una literatura nacional, la mexicana, en un determinado momento histórico, o en relación a la historiografía del modernismo hispanoamericano, siguiendo el criterio epocal de Max Henríquez Ureña.[107] No obstante, debido su larga duración

---

[105] Durante la primera época, la revista se llamó *Revista Moderna. Arte y Ciencia*. En su segunda época, cambió de nombre: *Revista Moderna de México. Magazine mensual. Político, científico, literario y de actualidades*. Las citas sobre la primera época provienen de la edición facsimilar (Universidad Nacional Autónoma de México, 1997). En este capítulo se hace referencia a las dos épocas indiscriminadamente, como etapas de una sola revista; no obstante, en la bibliografía se han documentado las fuentes bajo cada una de las épocas, resaltando el cambio de nombre.

[106] Sobre su relación con la *Revista Azul*, consultar Belem Clark y Fernando Curiel, "Suscriptores y 'Los demás'".

[107] Como suma de la literatura mexicana decimonónica, consultar Héctor Valdés ("Estudio") y Julio Torri. Un análisis bajo los criterios de periodización del modernismo en dos épocas de Max Henríquez Ureña (*Breve historia del modernismo*) se encuentra en Holdsworth.

de más de una década, esta revista se transformó innumerables veces, evidenciando el encabalgamiento de movimientos y generaciones literarias anteriores y posteriores al modernismo.

Para su segunda época, ya se había convertido en un magazine ilustrado de elocuente formato donde se concatenaban diversos grupos letrados, diversos discursos, saberes e intenciones: del modernismo al ateneísmo, del discurso cívico a la crónica social, de la gráfica decadentista a la fotografía cotidiana, de la literatura a la educación y a la historia. En este foro se debatieron variadas posturas frente a las transformaciones culturales, pero siempre dentro de los límites del concepto de ciudadanía porfiriana.

Con la mira de desarrollar lo anterior, se retoma la autoconcepción inicial de los fundadores de la revista como decadentes así como su apelación a un lector modelo, para después explorar, en textos e imágenes de diversa índole provenientes de la misma revista, la creciente capacidad de ésta para atraer a un público más amplio, conservando su carácter elegante, manteniendo un cosmopolitismo nacional y sustentando una complicidad con el estado. Posteriormente, se exploran las concertaciones literarias que posibilitó esta publicación, en particular, la que se dio entre el modernismo y el Ateneo de la Juventud en la segunda época de la revista. Finalmente, se aborda el papel de otros discursos en la revista, como la historia y la educación, en la (re)producción de sujetos ciudadanos pertinentes a la cultura del orden y el progreso.

1. DEL ARTE POR EL ARTE AL LUJO DEL ARTE: LOS LECTORES COSMOPOLITAS DE LA REVISTA

La *Revista Moderna* surgió como una formación literaria específica. Su inicial estrategia de legitimación se fundaba en la automarginación de sus jóvenes productores Balbino Dávalos, Jesús Urueta, Rubén M. Campos, Ciro B. Ceballos, Bernardo Couto Castillo, José Juan Tablada y el pintor Julio Ruelas, la mayoría de ellos provincianos y aún desconocidos en el medio literario capitalino. La caracterización de los mismos aparece en los debates que propiciaron la fundación de la revista,[108] en las apologías que Ceballos hizo de sus compañeros de redacción entre 1898 y 1899,[109] en algunas semblanzas de la serie "Máscaras", aparecidas a partir del sexto año, y en la gráfica de Ruelas, el pintor zacatecano que distinguió a la revista con dos mil quinientas sesenta y cuatro ilustraciones.[110] Estos textos e imágenes aluden a otros integrantes del grupo, tales como Rafael Delgado, Alberto Leduc, el ahora desconocido Antenor Lescano y Amado Nervo, codirector en la segunda época. Por la recurrencia de sus publicaciones, habría que considerar también, como allegados al grupo de la revista, a Francisco M. de Olaguíbel, Luis G. Urbina, Efrén Rebolledo, José I. Novelo, Manuel José Othón, al argentino Manuel Ugarte y, al vocero del modernismo, Rubén Darío. Todos ellos proponen nuevas formas de sociabilidad literaria, como las practicadas en el bar, donde "Tablada ha confeccionado muchos candentes epigramas […] Bernardo Couto ha tomado bromuro […] y Rubén Campos nos ha hablado de las noches en que se debatía en el tálamo del contubernio" (Ceballos, "Julio Ruelas" 55).[111] El fin era construir un espacio cultural antagónico a la moral pública encarnada en Doña Carmen Romero

---

[108] Se trata de debates entre el grupo de la *Revista Moderna* y sus detractores Carmen Romero Rubio, esposa del presidente Díaz, y el crítico Victoriano Salado Álvarez. La primera polémica, a raíz del poema "Misa negra" de Tablada, se dio en *El País* (1893), la segunda, en *El Nacional, El Mundo* y *El Universal* entre 1897 y 1898. Para un resumen de éstas, consultar Schneider (120-58) y Belem Clark y Ana Laura Zavala (XX-XXX).

[109] "Balbino Dávalos", "Rafael Delgado", "Julio Ruelas", "Jesús Valenzuela" y "Jesús Urueta". A pesar de anunciar la publicación de seis apologías, la revista solamente publicó cinco.

[110] Sin contar repeticiones, este número de ilustraciones se reduce a cuatrocientas treinta y uno. Para un estudio temático de la obra de Ruelas en la *Revista Moderna*, consultar Rodríguez Lobato.

[111] Sobre el bar, consultar además: Ugarte, "Notas de México. Los escritores" y Campos, "Cuento bohemio", además de su libro póstumo *El bar*.

Rubio, la católica esposa de Don Porfirio, pero a la sombra de restricciones de género (no hay mujeres en el grupo) y mediante una marcada misoginia, típica del narcisismo decadente, y también consecuencia del recelo que la democratización instauraba al cambiar los roles de género en la división del trabajo.[112] Al reverso del hombre porfiriano, hacedor del espacio público y protector del privado, la revista exhibe y celebra inicialmente las patologías del héroe decadente. El receptor idóneo se formula sobre la base del campo europeo, y es el que lee a Barbey d'Aurevilly (Ceballos, "Balbino Dávalos" 11). Con esta visión, se erige una crítica a las prácticas lectoras de la burguesía porfiriana, a la vez que se expone la marginalidad del escritor finisecular frente al público.

Al lado de esta configuración del lector modelo decadente, la revista proporciona, desde sus inicios, evidencias de una recepción histórica al publicar cartas y reseñas provenientes de otras publicaciones de México y de otros países hispanoamericanos, como la reseña de el *Mercurio de América* de Buenos Aires, que da cuenta de una comunidad lectora específica, la de los suscriptores ("La Revista Moderna" 158). Este sector es bastante citado en la revista, de ahí su importancia en el desarrollo posterior de la misma.[113] Para la segunda época, la apertura de "Revista de Revistas," una amplia sección (dos a cuatro páginas) dedicada al comentario y difusión de otras revistas nacionales, provincianas, internacionales y ya no exclusivamente literarias, sugiere que para entonces

---

[112] Ceballos señala, refiriéndose a Ruelas: "él cree como yo, que la hembra es inmuda, dañina y amarga como la hiel" ("Julio Ruelas" 56). Tales comentarios proliferan en la revista. Sobre la representación femenina decadente, consultar Jullian; sobre la relación de esta representación y el ingreso de la mujer a la esfera pública, Showalter.

[113] Debido a la pérdida del archivo de la revista (Valdés, *Índice* 15), no se tienen datos cuantitativos sobre el número de sus suscriptores. Aunque el tiraje de la segunda época fue de cinco mil ejemplares (Clark y Curiel "Suscriptores y 'los demás'" 15). Sobre la lista de suscriptores en ciertos números específicos, consultar Clark y Curiel ("Estudio introductorio" 59-67).

la lectura de publicaciones periódicas se había incrementado, y era índice de la afluencia de lectores que no leían únicamente a Barbey d'Aurevilly y que preferían el periódico al libro.

Por otra parte, el elitismo literario representado en la figura del lector modelo se sostiene retóricamente a lo largo de las dos épocas de la revista, aunque en la segunda época ya no desde la visión decadente, sino desde el ángulo de la alta cultura, esfera donde se mueve un público letrado masculino. En agosto de 1909, la revista publica un aviso editorial y aún se dirige a "los hombres cultos", prediciendo la buena acogida que estos darán a una serie de cambios sustanciales en el formato ("A nuestros lectores" 384). Dicha demarcación contradice la evidente intención editorial de diversificar e incrementar la lectura de la revista precisamente a través de estas transformaciones materiales iniciadas, anticipadamente, en 1899, cuando se publica la siguiente nota de la redacción: "Avisamos a nuestros subscriptores que desde este ejemplar [...] se publicará nuestro periódico mensualmente, con treinta y dos páginas –en lugar de diez y seis– [...] con dibujos intercalados en el texto y papel de la misma calidad del presente número" ("Anuncio" 32).[114] En 1903 se facilitó la manipulación física de la revista con un formato más pequeño (de 30 por 21 cm. se redujo a 24.5 por 16.5); también se le cambió el nombre: *Revista Moderna de México. Magazine mensual, político, científico, literario y de actualidad* y aparecieron nuevas secciones científicas, artísticas, sociales e informativas. De esta manera la *Revista Moderna* se convertía en el foro de una visión orgánica y hegemónica de la cultura.

La apelación a lectores no especializados se evidencia no sólo en la materialidad de la revista, sino también en sus contenidos, incluso en aquellos textos de intención artepurista, como las crónicas de viaje al

---

[114] De 1900 a 1903, la revista vuelve a ser quincenal, con una extensión de ocho a quince páginas. El papel mate, "de no muy buena calidad" según Valdés (*Índice* 19), se conserva hasta el cuarto año de publicación (1901), cuando se introduce papel satinado, tipo cuché.

Japón de José Juan Tablada publicadas aún durante la primera época de la revista, entre julio de 1900 y marzo de 1901.[115] En estas, el viajero se representa a sí mismo como un poeta amante de la belleza y desligado de cualquier propósito utilitario. No obstante, el hecho de que su viaje fuera patrocinado por la propia revista como órgano autónomo de comunicación social, era evidencia de una política editorial: su presencia en el Japón le confería la necesaria actualidad al convertirla en la primera publicación mexicana que mantenía una corresponsalía en un punto estratégico para Occidente; así lo anuncia la propia redacción el 15 de mayo de 1900:

> La Dirección de nuestro periódico, convencida de la trascendental importancia de esos estudios sobre la estética cuyos cánones impresionan tanto hoy a la inspiración del occidente [...] ha resuelto enviar al Japón a su apto redactor, el Sr. Tablada, para que sobre el terreno recoja impresiones y emprenda estudios cuya importancia no supliría la mejor documentación simplemente teórica. ("La 'Revista Moderna' en el Japón" 154)

Intercaladas a las crónicas de viaje, la revista publicó del mismo Tablada, poemas como "Musa japónica" y "La venus china", y leyendas asiáticas como "La mujer de Tjuang-Tsé". Con criterios afines a los de los hermanos Goncourt, Louis Gonse, o Basil Hall Chamberlain, Tablada también inició la efímera sección "Álbum de Extremo Oriente" el 15 de abril de 1900, publicando crítica sobre pintura japonesa y justificando su papel de orientalista mexicano en dos números consecutivos.[116]

---

[115] "Hacia el país del Sol", "Cuadros de Extremo Oriente", "En el país del Sol", "Los templos de la Shiba", "Un entierro en el Japón", "Un Matzuri", "El Castillo sin noche", "Cha-No-Yu", "Praderas de otoño", "Un teatro popular" y "La gloria del 'Bambú'".

[116] Bajo el encabezado "Álbum de Extremo Oriente", aparecieron: "A Hyoshio Furukava" y "Los pintores japoneses". Sobre el japonismo de Tablada, consultar Tanabe.

En las crónicas de viaje, Tablada mantiene el mismo tono libresco característico de sus reseñas sobre la pintura Ukiyo-e. El Japón de Tablada es extraterritorial y atemporal. No sería extraño suponer entonces que se tratara de un viaje imaginado. De hecho, Ruelas opinaba que Tablada no había llegado al Japón y que había escrito la serie de crónicas desde San Francisco, California.[117] Si las claves que brinda el propio Tablada para leer su viaje como artificio son más de una, ¿por qué entonces insistir en la ocurrencia del mismo? Una razón se deriva de la contradictoria legitimidad que Tablada pretende imprimir a su escritura: la de la autonomía del arte (cuyo emblema es Japón en este caso) frente al periodismo y al mercado. Curiosamente, Tablada proclama esta autonomía a través de un valor ligado a la inmediatez y la objetividad que propone el discurso periodístico: el de la autenticidad. Gracias a su desplazamiento físico a Oriente como corresponsal, Tablada puede constatar el espectáculo del "verdadero" Japón con sus propios ojos. El siguiente mensaje de Tablada es dirigido, no a sus cofrades decadentistas, sino a los burgueses mexicanos, también lectores de la *Revista Moderna*:

> ¡Ah! ¡Los opulentos de México que creen poseer satzumas y pinturas de Hokusai y bronces de mérito absoluto, qué amargo desengaño sufrirían al ver el abismo que separa a sus apócrifos objetos del auténtico satzuma, del genuino boceto de Hokusai, y del verdadero bronce! ¿Lo que vimos y admiramos? Pues fue la esencia de lo perfecto. ("Cha-No-Yu" 372)

Irónica necesidad la de Tablada de subrayar la autenticidad del arte precisamente en la época en que el positivista mexicano Agustín Aragón daba cuenta de su comercialización: "el comerciante ve al arte como una rama del comercio y lo sujeta a las fluctuaciones del mercado y a los

---

[117] En sus memorias, Valenzuela señala: "Un día me desayuné con la noticia de que Don Jesús Luján mandaba a Tablada al Japón por cuenta del mismo periódico. Aunque Ruelas opinaba que no había pasado de San Francisco" (*Mis recuerdos* 127).

caprichos de la moda, como cualquier otro producto de nuestra refinada civilización" (Pera 114). Finalmente, las crónicas librescas de Tablada también están sujetas a las leyes de la oferta y la demanda en la *Revista Moderna*.[118] Por ello, no es de extrañar que, al lado de este viaje de explícita intención estética, la revista también documente e ilustre otros trayectos menos literarios: desde las giras presidenciales y las campañas políticas a través del territorio nacional, hasta los desplazamientos extraordinarios alrededor del globo terráqueo de la gente común, como el emprendido "a pie y sin cuarto" por dos viajeros valencianos, "casi obreros" (Blasco Ibáñez 244).

Tampoco es de sorprender la inclusión de Rubén Darío en la revista, no sólo como vocero oficial del modernismo, sino también como emisario del cosmopolitismo en el plano cultural y social. En "Hechos e ideas", el nicaragüense informa sobre la intelectualidad extranjera en París y sobre los salones de la princesa Matilde. El eco de Darío como corresponsal cultural reaparece en la revista constantemente, y se canaliza hacia las políticas de un estado modernizado, promotor y productor de cultura. Por ejemplo, la revista anuncia y reseña gráficamente la partida de sus ilustradores, también pintores nacionales, como Roberto Montenegro, en viajes subvencionados de preparación vocacional a Europa ("Roberto Montenegro"); documenta las estancias diplomáticas de Amado Nervo en Madrid ("Amado Nervo en el Ateneo de Madrid"), y hace alarde de su alcance internacional a través de sus corresponsalías, como la de Jesús Urueta en Europa ("La casa del Pueblo", "Wanda de bonaza" y "Almas paroxísticas"), además de la del citado Tablada en Japón.

Con el fin de forjar el imaginario cosmopolita de sus diversos lectores, la revista ofrecía, a través de estos viajes, un mapamundi del progreso

---

[118] Los estudios sobre la crónica modernista han desarrollado esta idea. González Pérez señala que este género constituye una mercancía de lujo, de valor más recreativo que informativo (*Crónica* 77).

que acogía a México en su seno. El centro era París, el emblema de lo nuevo. Fue precisamente la novedad el recurso que promocionó la revista al reproducir, de publicaciones foráneas principalmente francesas, una variedad de textos e ilustraciones alusivos a nuevas formas de entretenimiento o a la eficacia de una ciencia democratizada que se manifestaba en la vida cotidiana. Por otra parte, París también era una suerte de espejo mágico que mejoraba la fisonomía del país. Los viajes al interior del territorio nacional de Urueta ("La revelación del eco"), Leduc (1899)[119] y del para entonces fallecido y canonizado Manuel Gutiérrez Nájera (1907),[120] están escritos bajo el reflejo glamoroso de la ciudad luz. Este glamour se proyecta constantemente en las vistas de la capital, sinécdoque del país, ya sea en una afeminada vista panorámica o en la najeriana Calle de Plateros. Para los lectores de la revista, París y el interior de México debían complementarse: solamente hacía falta darle vuelta a la página, para pasar de Montmartre al Paseo de la Reforma.

Es evidente entonces que el foro público inaugurado por la revista no estaba (pre)dispuesto únicamente para los receptores modelo (estetas finiseculares u "hombres cultos" del Porfiriato), también lo estaba para una esfera burguesa que incluía a un sector femenino. Este último se incorporaba paulatinamente a la vida ciudadana, como expresa el propio director de la revista, Jesús F. Valenzuela, al referirse a "las señoritas" que veinte años atrás habían irrumpido por primera vez en la cátedra de Gabino Barreda, padre de la educación positivista en México, aguardando "atentísimas las palabras del maestro" sobre "los fenómenos de la generación en la mujer" (Valenzuela "Los modernistas mexicanos" 142-43). Sin embargo, en la *Revista Moderna*, las publicaciones alusivas a la incorporación femenina al espacio público se manifiestan enmarcadas

---

[119] Bajo el encabezado "De viaje", se publicaron cinco crónicas entre enero y julio de 1899.

[120] Bajo el encabezado "Viajes extraordinarios de Sir Job, Duque", se publicaron cuatro crónicas entre abril y mayo de 1907.

bajo un criterio de excepcionalidad y casi nunca dentro del contexto mexicano. Es mediante la representación de los actos de lectura femeninos en unas condiciones de espacio y tiempo ligados a la intimidad y al recogimiento, y por medio de ciertos formatos y géneros predilectos (la carta y el poema por sobre el ensayo y la crónica), que la revista contribuye a la normatividad del papel social de las mujeres.[121]

En las citadas crónicas del viaje al Japón de Tablada, el narrador (poeta finisecular) es también un sensible redactor de cartas dirigidas a una amada ficcional que lo espera en México en la intimidad de la casa. Sobre esta autofiguración aparece otra en apariencia contradictoria: la del corresponsal que cumple las expectativas del "director" de la revista. Tablada construye un discurso escindido en dos espacios de representación de acuerdo al interlocutor interpelado: para la amada, un interior que acoge una visión lírica de recogimiento femenino, para el director de la revista, el espacio de lo público en una serie de "snapshots" de su primera escala en "Yankilandia" ("Hacia el país del Sol" 201).

En 1901 la revista organiza un festival en memoria de Manuel Gutiérrez Nájera, el fundador de la *Revista Azul*. La reseña de este acontecimiento ("El festival de 'Revista Moderna'") establece un paralelismo entre el prototipo de la lectora-personaje que Tablada representa en su carta-crónica y las lectoras históricas que asistieron a este evento. La reseña no solo reproduce la velada, sino que, a través de la mimesis, modela la recepción femenina de la siguiente manera:

> Y aquellas damas, aquellas mujeres hermosas que lloraban o sonreían cuando Urbina leyó la soberbia prosa del llorado maestro [...] o que perdían su mirada soñadora y húmeda en las blancas nébulas del tul que Chucho Contreras prendió a través de su elegante, soberbia y simbólica decoración. (63)

---

[121] José María Martínez destaca estos géneros en la configuración de la recepción femenina en la obra de Gutiérrez Nájera ("El público femenino" 15-29).

Vale la pena notar que esta cita también subraya la percepción visual de las lectoras, al hacer referencia a la decoración hecha por el escultor finisecular Jesús F. Contreras, otro miembro allegado de la revista. Y es que la *Revista Moderna* también predispuso a sus lectores y lectoras a través del registro visual. Por un lado, brindó variadas imágenes de un interior lírico; por el otro, suministró un consumo visual de lo público, aludiendo a una división del espacio relacionada por Walter Benjamin con la escisión síquica que experimentaba el ciudadano decimonónico: "the private citizen who in office took reality into account, required of the interior that it should support in his illusions" (167). Una metáfora de esta división es la sala de redacción de la novedosa revista, una fortaleza interior para los sujetos letrados en conexión con su "íntimo lirismo" y un enclave de apariencias para el gusto burgués, con sus tapices chinos, sus "faunos bien esculpidos" y con "los cortinajes" que le daban un "aspecto señorial" (Campos, *El bar* 113).

El retrato fotográfico fue central para la representación de estos dos espacios, especialmente a partir de 1903. Las fotos de los hombres públicos y de las señoritas "decentes" reproducen la moralidad porfiriana mediante una serie de tipologías que la lente captaba a través de la pose y la iluminación. Los retratos femeninos, reproducidos con mucha frecuencia a raíz del primer concurso de fotografía, anunciado en mayo de 1904, evocan una economía doméstica y reivindican el necesario espacio privado, sostén de la esfera pública y de sus masculinos retos. La caracterización gráfica que hace Ruelas de la esposa de Valenzuela a raíz de su muerte, es representativa (*Homenaje*). El dibujante usurpa la sutileza prerrafaelista para representar un sujeto femenino ejemplar y localizable en el seno del Porfiriato. La nota necrológica de la redacción complementa el mensaje visual: "La miramos hilando en una rueca de marfil, las horas de la vida, del hogar, fluidos y albeantes copos de lino que blandamente se deshacían en sus manos" (*Revista Moderna* II/8 [1899]: 226).

Al lado de estas representaciones femeninas tendientes a disciplinar y modelar los hábitos de la burguesía porfiriana, se evidencia un registro espectacular, típico de la modernidad y dirigido a un observador susceptible a la ilusión óptica (Lalvani 176), proveniente principalmente de las ilustraciones de Ruelas y Montenegro. Animadas por la fantasmagoría, esa visión espectral del mundo detectada por Benjamin en el París de Baudelaire, las ilustraciones de Ruelas presentan una ambientación macabra, elementos fantásticos o fisonomías recrudecidas. Remiten a la tipología de la Nueva Mujer mediante poses y expresiones afines a las de pintores como Franz von Stuck y Félicien Rops.[122] El friso rueliano más reproducido a manera de portada a partir del sexto año es aparentemente contestatario, se trata del cuerpo desnudo y yerto de una mujer estrangulada por una serpiente, evocativa de las Evas y las Lamias del arte finisecular.

A pesar de que, a partir de su viaje a Europa en 1904 y después de su muerte en 1907, la presencia de Ruelas disminuye en la revista ante la gráfica de otros ilustradores,[123] su sello permanece. Es factible suponer que las imágenes decadentes de este pintor se prolongan hasta el último número de la revista, caracterizándola como a ninguna otra de la época, porque el desplazamiento metafórico de su composición asegura una lectura visual en el plano de lo fictivo. El argumento de Elizabeth Bronfen sobre la poética de Edgar Allan Poe se basa en esta idea, y es consecuente para el caso de la *Revista Moderna*: "because it is a poetical topic, Poe's fantasy of femenine death remains innocent of real violence" (71-72). Es por ello que la muerte de sus alucinadas mujeres, los torturados rostros de sus personajes decadentes, e incluso la apropiación nostálgica de su

---

[122] La *Revista Moderna* publicó una serie de reproducciones del pintor alemán, pertenecientes a la colección de Luján en noviembre de 1906 (VI/39: 163-67). La afinidad con Rops es evidente, como hace notar Del Conde al comparar "Pornokrates" de Rops con La "domadora" de Ruelas (Del Conde, 22-23).

[123] Destacan Leandro Izaguirre, Gedovius, Alberto Fuster y Roberto Montenegro. En los últimos años, aparece la gráfica de Ramos Martínez, Jorge Encino y Diego Rivera.

propia muerte prematura en notas necrológicas de 1907, son admisibles en una revista que en la página consecutiva celebraba la vida eterna del Porfiriato con una fotografía alusiva al orden y al progreso. La subordinación del estilo modernista a la promoción de los artículos de lujo que el mismo Ruelas ilustraba y que la revista promocionaba, es una prueba más de esta complicidad, sobre todo si se tiene en cuenta que gran parte de estos anuncios eran leídos por las señoritas del Porfiriato.[124]

Sin embargo, la diversificación del público a través de la interpelación de subjetividades masculinas y femeninas, literarias y burguesas fue limitada a causa de factores socioeconómicos. La suscripción mensual de cincuenta centavos en la capital, precio alto considerando que el de un periódico medio fluctuaba entre tres y doce centavos (Speckman, "La prensa" 35), da pautas para suponer que los lectores de la *Revista Moderna* conformaban un sector minoritario; eso sí: afluente, competente, citadino, persuadido de la prosperidad del régimen y convencido de su participación en una cultura cosmopolita. A estos porfirianos y porfirianas se dirigían los escasos artículos de lujo que la revista promocionaba, y no a aquellos que vivían con el salario promedio de la época, precisamente de cincuenta centavos diarios.[125] Poco a poco, la *Revista Moderna* empezó a dar cuenta de lo elegante, la marca de una administración que había puesto la cultura al servicio del progreso.

Si tomamos en cuenta estas condiciones socioeconómicas, es obvio que el esfuerzo por incrementar y diversificar la lectura por parte de los productores de la revista no haya sido suficiente para hacer de ella un

---

[124] Sobre el compromiso político y estético del dibujante y su conversión en asalariado, consultar Bartra, quien sitúa la obra de Ruelas no sólo en la *Revista Moderna* sino también en el periódico satírico *El Cómico* (95). Sobre la predisposición de los anuncios publicitarios para la lectura femenina, consultar Zamora (53).

[125] A principios de siglo, los obreros ganaban entre cincuenta centavos y un peso. El salario de las mujeres (costureras, lavanderas, sirvientas) era menor (Speckman 35).

producto de libre circulación en un mercado. Como publicación periódica especializada, la *Revista Moderna* se ubicaba entre el periodismo noticioso de grandes tirajes y bajos costos, y la prensa de a centavo, amarillista, supersticiosa, satírica y ampliamente ilustrada que circulaba en hojas volantes. En general, el espacio de acción del periodismo especializado fue restringido, si se toma en cuenta que la población del país no dejaba de ser altamente rural y heterogénea. El nivel de alfabetización, la presencia de comunidades lingüísticas diversas, la rudimentaria infraestructura de circulación de los periódicos, la accidentada topografía y los ingresos de la población asalariada, sugieren que el porcentaje de lectores potenciales era menor a los dos millones y medio en un país habitado por nueve.[126] De aquí que su proliferación y larga supervivencia siga intrigando a los investigadores dados los bajos índices de competencia cultural (Bazant, "Lecturas" 207).

La propia revista da cuenta de estas limitaciones. En un artículo que conmemora sus diez años, los redactores señalan que no pudieron apoyarse en sus suscriptores durante la primera época, sino "en su propio esfuerzo" ("La Revista Moderna de México cumplió" 323). Por ello, los productores de la revista también recurrieron al mecenazgo y al subsidio. Así lo documenta en sus memorias el director de la revista, Valenzuela (*Mis recuerdos* 123-35). Este personaje prototípico de la cultura porfiriana, dada su incursión ejemplar en la vida pública del régimen como confidente de poetas, de políticos y de millonarios, como diputado y como terrateniente (Quirarte 21), no sólo fungió como el principal agente mediador entre el licencioso bar de los decadentistas y el foro de las buenas costumbres porfirianas, sino como promotor financiero, al negociar el mecenazgo del millonario Jesús Luján y el subsidio de Ramón

---

[126] En 1895, sólo 14% de la población sabía leer. En 1910, 20% (González Navarro 532). A principios de siglo el 38% de la población era indígena y hablaba su propia lengua (Bazant, "Lecturas" 206). La circulación de los diarios se hacía por correo, dando una cobertura no mayor al 20% de los mexicanos (Toussaint 65-70).

Corral, ministro de gobernación. Con tal intermediación la revista pudo prolongarse después de sus accidentados números iniciales.[127] A partir de 1904 se publican elogios y fotografías de Corral y en 1907 se reproduce el óleo de Ruelas *Entrada de don Jesús Luján a la Revista Moderna*, bajo el título *La llegada de Luján a la Revista Moderna*.[128]

El hecho de subordinarse a este patronazgo privado y estatal, no impidió que los productores de la revista recurrieran a técnicas discursivas asociadas a la industria publicitaria y a la utilización de formatos exitosos (el magazine), siguiendo el ejemplo de publicaciones europeas como el *Mercure de France*, para implantar el sentido de cultura amplio y cosmopolita que habría de reemplazar el sectarismo decadentista de los inicios; con ello, como se ha visto, se diversificaron los lectores de la revista.

2. Del modernismo al Ateneo de la Juventud

Desde otra perspectiva, estas transformaciones son indicativas del papel de la revista en los procesos de selección, inclusión y exclusión característicos de la historia literaria. Con su larga duración de dos épocas, la *Revista Moderna* evidencia las transformaciones de la inicial formación decadente que la fundó, hasta adquirir carta de ciudadanía dentro de un consenso literario dominante.

A nivel transnacional, se trata de la consolidación del modernismo hispanoamericano a través de la corrección, respecto al canon español,

---

[127] Según Héctor Valdés, la publicación pudo continuarse gracias al mecenazgo de Valenzuela, después de la aparición de un primer número (de muy difícil localización según Valdés), publicado a instancias de Couto, quien no pudo sostener un segundo ("Estudio introductorio" XVIII). Valenzuela mismo, en sus memorias, documenta su intervención en la revista (*Mis recuerdos* 121-27).

[128] Una reproducción de este óleo apareció con anterioridad, en II/15 (1904): 125.

de la divergencia inicial del "galicismo mental" y de sus excesos decadentes. La publicación de la crítica de Miguel de Unamuno fue significativa en este sentido. En el capítulo dos, se hizo referencia al debate que este escritor español sostuvo con Remy de Gourmont, el crítico de cabecera del *Mercure de France*, sobre la hegemonía cultural de América Latina en torno a la conceptualización del modernismo hispanoamericano. Unamuno respondió a los juicios de Gourmont en *La Lectura* de Madrid en 1903, con una exégesis hispanista del movimiento hispanoamericano. En el contexto de la prensa española, su visión revelaba la paulatina aceptación del movimiento modernista en España dentro de un sistema opuesto al que enarbolaba el francés. La *Revista Moderna* da espacio a esta interpretación peninsular del movimiento en varios textos del escritor español. Precisamente en 1903, se publica "De literatura hispanoamericana", ensayo donde Unamuno enjuicia el sesgo decadente del primer modernismo (183). El texto aparece acompañado de una nota editorial que lo avala como crítico autorizado del modernismo.

Al interior del campo literario mexicano la revista constata también la concertada transición entre el modernismo y la generación de escritores que habría de conformar el Ateneo de la Juventud, un cenáculo fundado en 1909. A través de dos ciclos de conferencias, esta asociación dio pie a la emergencia de una generación de humanistas e ideólogos que reorientaron el quehacer cultural al otorgarle a lo estético una función redentora para el futuro de Hispanoamérica y de México en los albores de la Revolución Mexicana. La muerte de Couto en 1901, la desaparición pública de Antenor Lescano en 1900, el ingreso a un consenso de gusto de la obra de Nervo, y la muerte de Ruelas en 1907, son factores consecuentes con la paulatina aparición en la revista de Antonio Caso, Alfonso Cravioto, Jesús L. Acevedo, Alfonso Reyes y del dominicano Pedro Henríquez Ureña, quien llegó a México en 1906. Fue precisamente en este año, el de la desaparición de la efímera publicación ateneísta *Savia Moderna*, que la *Revista Moderna* se convirtió en el puente entre los residuales modernistas y los emergentes ateneístas.

Una defensa al legado de la *Revista Azul* y de su fundador Manuel Gutiérrez Nájera, el escritor más vinculado con el modernismo y con la sociabilidad porfiriana, fue el móvil inicial de la concertación generacional. Esta defensa fue consecuencia de la aparición de una versión apócrifa de la *Revista Azul*.[129] La *Revista Moderna* auspicia entonces una colecta para erigir una estatua a Gutiérrez Nájera en varios números de 1907.[130] Las contribuciones del Duque Job se publican asiduamente y alternan con las de Amado Nervo, otro escritor vinculado al modernismo y promocionado en la revista como mediador cultural.[131]

A partir de 1906, la revista publica las conferencias organizadas por Jesús Acevedo, de Pedro Henríquez Ureña sobre José María Gabriel y Galán ("Un clásico del siglo XX"), de Max Henríquez Ureña sobre Manuel Gutiérrez Nájera ("Palabras") y de Antonio Caso sobre Nietzsche ("Nietzsche"). Al mismo tiempo da espacio a semblanzas necrológicas en memoria de Ruelas,[132] del reformador positivista de la educación, Barreda ("El homenaje en honor de don Gabino Barreda"), y también

---

[129] Para una sinopsis de la concertación entre modernistas y ateneístas en torno a la *Revista Azul*, consultar Curiel, "El ateneo modernista" 52.

[130] El anuncio aparece bajo el título "Erección de una estatua al Duque Job. Lista de subscripción abierta por la Revista Moderna de México" en sucesivos números, del 42 al 49, de 1907. Esta colecta también permite detectar quiénes fueron los suscriptores de aquel tiempo. Consultar Clark, "Estudio introductorio" 61-66.

[131] En el quinto y sexto años, la revista publica, de Nervo, *El éxodo y las flores del camino* y veintiún notas bibliográficas. En 1902, Nervo elogia la figura de Ignacio Manuel Altamirano, el intelectual más identificado con el concepto de literatura nacional, y promueve el concurso de los Juegos Florales para incrementar la poesía cívica ("Los juegos florales" 164).

[132] En 1907 la dirección de la revista publica una nota luctuosa, "Julio Ruelas" VIII/50: 126-27. En 1908 (X/61) aparecen varias semblanzas, provenientes de *El Cojo Ilustrado* ("Julio Ruelas"), de *América en la Plata* ("Artistas americanos. Julio Ruelas"), de *El Imparcial* ("Una mujer flaca, un sátiro y un cuervo") y de *Nuevos Horizontes* ("El primer aniversario de Ruelas").

de Benito Juárez ("El monumento a Juárez"). Las conferencias, tanto de literatos reconocidos por su calidad oratoria como de hombres de la política y la economía son publicadas en la revista.[133] La calidad oratoria de este nuevo género introducido en la revista es un rasgo del intelectual que ahora relega el refugio interior del modernismo e ingresa a la arena pública con una misión redentora a través del aula y el podio.

La paulatina presencia de los ateneístas en el foro modernista se hace visible además con un uso discursivo de la fotografía. Las fotografías de G. Iriarte bajo la serie "Nuestro México" (publicadas en julio de 1904 y enero de 1905) hacen de la arquitectura un patrimonio cultural, y de la Colonia, materia de renovado interés para el intelectual ateneísta. La fotografía también complementa la predilección por el temperamento clásico, ese que Pedro Henríquez Ureña apreciaba en el poeta castellano Gabriel y Galán ("Un clásico del siglo XX" 303), mediante vistas crepusculares de los sitios arqueológicos grecolatinos. Con este corpus la revista revalúa el legado occidental de la alta cultura, lleva a cabo un ajuste de cuentas con el modernismo y se erige como bandera de una nueva generación en el ocaso del Porfiriato.

3. El legado positivista: La historia y la educación

El recurso fotográfico en la *Revista Moderna* también sistematiza el uso del paisaje nacional, sobre todo a partir de 1904, año de la reelección de Díaz, cuando se introduce la serie "Nuestro México", reemplazada más tarde por "Nuestros panoramas" en 1907. La nostalgia incitada en estas fotografías está acompañada por la creencia positivista de que ciertas prácticas y caracteres regionales estaban en peligro de extinción por su incapacidad para evolucionar y adaptarse. En algunos casos, la revista hace explícito el contraste entre el antes y el después, al cotejar la imagen

---

[133] Ejemplos son el discurso de Urueta sobre Barreda ("Panegírico") y el de Enrique Creel sobre Juárez ("Discurso").

de una misma construcción Colonial en dos tiempos. En una crónica publicada en enero de 1904, Darío celebra una concepción particular de la fotografía: aquella que sea capaz de evocar épocas remotas con el encanto del arte pero que a la vez documente el pasado con la precisión del historiador moderno ("Evocaciones artísticas" 298). Un uso de la fotografía que "reviviese la vida antigua americana" en el espacio de la celebración nacional (300-301) complementa la visión histórica en la revista. Se promueve un concepto de la historia parecido al articulado en la serie de ensayos *The Spirit of the Age* (1831) de Stuart Mill como récord ordenado sobre el progresivo desarrollo de la sociedad (Bowler 6). El efecto de esta visión triunfalista descansa en el horizonte de un pasado fundacional para el presente porfiriano. Dicho horizonte es escenificado con los pactos establecidos entre sucesos mundiales de última hora, como la guerra entre España y Estados Unidos, provenientes de la sección "Notas de actualidad", y el recuerdo nostálgico de figuras heroicas mexicanas, como "los niños héroes" (Sartorio),[134] ligadas principalmente a los triunfos del liberalismo. La historia y la literatura sirvieron en este sentido como telón de fondo de un nacionalismo cosmopolita y como amortiguadores de cualquier estremecimiento social. Varias páginas conmemorativas al presidente Juárez también aparecen en esta revista. Juárez es representado como síntesis nacional: "La idea en actividad atraviesa la historia en una serie de encarnaciones diversas: Hidalgo con el tiempo se llamará Juárez" (Urueta, "Discurso" 218-19). Al lado de fotografías y diversos textos relativos al juarizmo, aparecieron otros alusivos a las giras y celebraciones presidenciales por el interior del país, con el fin de reconciliar las figuras de Juárez, "padre del liberalismo", y de Díaz, supuesto hacedor de paz.

Acompañada de la plástica vanguardista de sus llamativas ilustraciones y de sus pórticos del arte europeo exhibidos en innumerables portadas, la revista proponía un paisaje universal para la cultura y un

---

[134] Sartorio es un seudónimo. Se desconoce el nombre real del autor. Valdés, en el *Índice*, tampoco lo consigna (25).

mapa del país que ocultara los vacíos del pasado a través del positivismo, no sólo en la aludida interpretación triunfalista de la historia, sino en ensayos laudatorios sobre Comte y Taine (Porfirio Parra, "Discurso" y Urueta, "M. Taine"). A partir de 1904 y, sobre todo en la segunda época, el positivismo se manifestó como pragmatismo social; el compromiso político se hizo evidente con la proliferación de informes sobre reformas educativas, monetarias, municipales y de infraestructura. Pero fue sobre todo en el ámbito de la educación formal, donde la revista manifestó su participación en la institucionalización del positivismo mediante la canonización de Barreda. Este, junto con los liberales de la Reforma, había participado en un proceso de secularización a través de nuevos mecanismos de disciplina basados en el método científico, el nuevo eje integrador de lo social. A Barreda se le adjudica la implantación de un sistema educativo positivista a través de la reforma de instituciones públicas, principalmente la del antiguo Colegio de San Idelfonso, convertido en la Escuela Nacional Preparatoria, con un currículum centrado en el estudio sistemático de las ciencias (Hale, "Political" 385).

La presencia de Barreda en la *Revista Moderna* es temprana y recurrente; en marzo de 1899 se publican: de Urueta, "Panegírico" y de Macedo, "Discurso". Ambos reaparecen en 1908. En 1901 la revista reimprime, en cuatro números consecutivos, el programa para la instrucción primaria que Barreda había formulado en 1875 con el fin de formalizar, en prácticas concretas, la idoneidad del positivismo en el ámbito de la educación.[135] El programa establecía la necesidad de crear ciudadanos que satisficieran la necesidad pública a través de la educación laica, y abogaba por el método científico, con su lógica inductiva y empírica, para clausurar las bases ontológicas en que se sustentaba la enseñanza, ya fuera en términos ilustrados o católicos. La proyección del plan de Barreda hacia una educación utilitaria y pragmática que

---

[135] El plan aparece bajo el rubro "Algunas ideas respecto de instrucción primaria" en varios números: IV/15, IV/17, IV/18 y IV/19. Consultar bibliografía.

posibilitara la explotación de recursos naturales con escuelas de enseñanza técnica, fue tarea del Porfiriato, y se manifiesta en la revista con la publicación de programas y reseñas de este tipo de instrucción; tal es el caso de "La universidad libre en perspectiva" reseña de Porfirio Parra, sobre la iniciativa de Enrique Creel de crear escuelas superiores de comercio, agricultura, minería, y artes y oficios.

En 1908 se evidencia la explícita canonización del educador con la publicación de "De la educación moral" texto del mismo Barreda, aparecido por primera vez en 1863, y de un conjunto de discursos y semblanzas en su honor, por Parra ("Gabino Barreda"), Alfonso Cravioto ("Alocución"), Justo Sierra ("Discurso") y los mencionados, Macedo y Urueta. Mediante varios enfoques, desde el recuento personal sobre una accidentada formación intelectual previa a la emancipación inaugurada por el propio Barreda (Macedo, 19-23), hasta la inclusión del protagonista en la galería de héroes nacionales como re-edificador del porvenir (Parra 34), estos textos asocian la libertad, presupuesto del progreso, con una educación anclada en el "orden" del método científico.

Sin embargo, la reiteración del padre de la educación positivista en la *Revista Moderna* no podía responder a la intención de celebrar el positivismo como ideología de estado en un momento en que esta filosofía empezaba a perder crédito dentro de la misma revista en la pluma de los emergentes ateístas. Para precisar el propósito de esta tardía reiteración cabe resaltar el ensayo de Sierra. Este cuestiona, desde los umbrales de la radioactividad a la que alude, la universalidad de la ciencia empírica como principio inmutable y como factor de cohesión social, subrayando la anacrónica base ideológica de Barreda en "De la educación moral" y poniendo de manifiesto la brecha entre 1863 y 1908. No obstante, Sierra también sugiere que la agencia de Barreda propició un uso de la literatura como práctica pedagógica vinculada a la emergencia del castellano como disciplina escolar; de esta manera contribuía a la (re)producción de subjetividades nacionales propias de un estado modernizado:

Lo que se le debe a Barreda es haber revolucionado la enseñanza del castellano apuntalando hacia la lectura y no hacia las reglas gramaticales. Y yo os aseguro que mi generación y las anteriores de que puedo hablar, supieron gramática, pero no supieron castellano[...] y todo aquel que se atreva a ser franco, os dirá que ha conocido más la riqueza estupenda de nuestra habla, leyendo los libros actuales de los Galdós, los Valera, los Menéndez, los Pereda, que meditando todas las gramáticas de la Academia. ("Discurso" 72)

La importancia del castellano a través de la práctica pedagógica en el seno de la modernización del estado se reitera en la *Revista Moderna* desde 1904, cuando, en el número cinco, se reedita el programa para la clase de literatura que en 1894, ante el consejo superior de instrucción pública, había presentado uno de los fundadores de la revista, Balbino Dávalos ("Programa"). Este programa puede explicarse bajo el planteamiento de Juan Poblete, quien ha destacado, para el caso chileno, la relación entre la implantación del Castellano como disciplina escolar que sustituye al Latín y la consolidación de un estado secular que hace de este la lengua de su racionalidad. En forma de dictamen, el programa parte de dos posiciones, la sustentada por Diego Baz y José María Vigil, quienes proponen un conjunto de reglas para producir literatura, y la de Urueta y Nervo, quienes basan la enseñanza de la literatura en el desarrollo de aptitudes. Dávalos dictamina el programa en favor de Urueta y Nervo, rechazando la preceptiva, la retórica y la metafísica, y adoptando, como base de la enseñanza, la lectura directa de las obras. Los cambios que proponía el programa estaban encaminados a cancelar la práctica deductiva, basada en el uso paradigmático de los modelos clásicos para la explicación del presente. Asimismo, se implementaba una cronología de obras favorable a la articulación de subjetividades que leyeran por gusto, a través de una relación directa con la lengua y la literatura: la prosa antes que la poesía, los géneros cortos (cuento y anécdotas) antes que los largos o complejos (novela y drama), los autores modernos antes que los clásicos. El plan asignaba al profesor la tarea de inducir el análisis a partir de la lectura del alumno y así internalizar el objetivo disciplinario de su educación.

Una consideración importante es la que Dávalos hace en torno a la relación entre lengua y literatura: "No creo posible formar un programa, no sólo definitivo, pero ni siquiera durable para la literatura, mientras no estén bien organizados los correspondientes a las lenguas vivas, especialmente los de la lengua materna" (709). Con la reedición de este programa, la *Revista Moderna* validaba y reiteraba la incorporación del castellano como práctica pedagógica en la clase de lengua y literatura, hecho consolidado en 1890, cuando esta materia se convirtió en la más importante del curriculum escolar (Bazant, *Historia* 53). En sus informes, el educador Rébsamen declaraba que entre 1890 y 1900 se habían publicado más libros de lectura que en los tres siglos anteriores (Bazant, *Historia* 54). El dato es útil para constatar que la revista contribuyó a la institucionalización social de los textos literarios dentro de un sistema educativo modernizado y especializado. Lo literario se redefinía bajo un nuevo horizonte cultural que posibilitaba la "libre expresión" del ciudadano, aunque también inscribía una nueva forma de control.

Las reformas educativas que, además de la reestructuración del currículum, proponían la creación de escuelas normales y el incremento de libros de texto y bibliotecas (Bazant, "Lecturas" 229-34), no sólo propiciaron nuevas formas de lectura, sino que contribuyeron, junto con otros medios como el periódico, a su diversificación. La *Revista Moderna*, como órgano de difusión, reproducción e institucionalización cultural, detectó y a la vez encauzó esta diversificación por vía del cosmopolitismo, apropiándose de modelos selectos, reproduciendo encuestas sobre la construcción de monumentos públicos (como el propuesto para el Duque Job), documentando concursos (como el de fotografía de mayo de 1904), auspiciando certámenes (los aludidos Juegos Florales) y renovando constantemente su carácter material.

Para recapitular, en sus inicios, la *Revista Moderna* se autodefine como un espacio cultural antagónico a la moral pública del Porfiriato mediante la asimilación de tópicos y procedimientos provenientes del decadentismo europeo. No obstante, esta no sólo facilitó la propagación de las letras finiseculares europeas e hispanoamericanas, sino, paulatinamente, también contribuyó a la institucionalización social de la literatura como práctica pedagógica, así como a la reproducción de un esfera pública sustentada en costumbres y hábitos encaminados a fortalecer los mitos del régimen: la armonía cívica, la utopía de un pensamiento científico único, la posicionalidad de Francia como la meca universal de la cultura moderna, la geografía urbanizada de un país que se insertaba en la modernidad sin perder su vocación sentimental, y el espejismo de ser partícipe de una sociedad que permitía la apertura hacia nuevas formas de expresión cultural y social. Una serie de marcadores materiales (convenciones adoptadas de otras publicaciones exitosas, su elocuente formato, su papel satinado, su gráfica y la incorporación de la fotografía como recurso comercial, político y artístico) contribuyeron a formar el horizonte de expectativas lectoras. En sus páginas glamorosas, decadentes, regionales, femeninas, políticas, comerciales, los porfirianos y las porfirianas imaginaron el futuro de la nación como en una vitrina que ostentaba una diversidad de vistas, pero siempre con don Porfirio a la cabeza. A pesar de la creciente urbanización que se llevó a cabo a lo largo de setenta años, la irrupción de una revolución campesina, la de 1910, concluyó con el Porfiriato de manera violenta. Como el régimen, la revista desapareció en junio de 1911, un mes después de la muerte de su fundador Valenzuela, ante la conmoción revolucionaria que desmanteló la ilusoria plataforma cosmopolita que la sostuvo.

Epílogo

A través de este estudio de revistas se ha reflexionado sobre el modernismo literario hispanoamericano en el contexto de una época cultural, pero también sobre esta época cultural en el contexto del modernismo. El libro contribuye a la crítica literaria en torno a este movimiento literario al retomar su conocida condición cosmopolita y artepurista en relación a las propuestas fundacionales de la literatura hispanoamericana, a las políticas de las naciones-estado y a las dinámicas de la emergente industria cultural. Se ha constatado que tanto el cosmopolitismo como el artepurismo cambian de sentido de acuerdo al contexto en el que se expresan.

El primer capítulo del libro se ha dedicado a la revista más incipiente del corpus analizado, la *Revista de América*. Pese a su condición efímera, esta sentó las bases metodológicas y temáticas de los capítulos subsecuentes. Su eclecticismo se interpretó, primero, como evidencia del carácter embrionario del modernismo y, segundo, como signo de la concertación cultural y política llevada a cabo por los escritores afiliados a este movimiento desde antes de su consolidación. Se resaltó el papel de Rubén Darío en la revista por sobre el de otros colaboradores. Uno de los objetivos del capítulo fue explorar la relación entre esta práctica literaria individual y el modo colectivo, contradictorio y heterogéneo del movimiento modernista sobre el mapa de una ciudad representativa de la modernización, Buenos Aires.

La revista se leyó como una cartografía que facilitara la ubicación de las posiciones del nicaragüense con el objetivo de percibir los límites de su transgresión en términos literarios, y también políticos, a partir de su filiación ambivalente con el archivo europeo decadente y de sus negociaciones con la crítica peninsular antimodernista. El análisis de esta revista también sentó las bases para reflexionar sobre los alcances de la propuesta fundacional de Darío (la de Hispanoamérica para los hispanoamericanos a través de una literatura artepurista y cosmopolita) en el contexto de otras publicaciones, principalmente el *Mercure de France* en París.

En el segundo capítulo, se reflexionó sobre el papel de la literatura hispanoamericana en esta revista francesa representativa de la modernidad europea. Se discutió la intervención hispanoamericana frente a la geopolítica francesa; esta última se manifestaba en el discurso simbolista que la revista promovía. Las estrategias de los primeros cronistas hispanoamericanos del *Mercure de France* recuerdan las de Darío en la *Revista de América* por su carácter performativo y concertador. No obstante, en este capítulo, el cosmopolitismo se discutió, no sólo en términos de la conquista de la modernidad europea, como se había propuesto Darío con sus hábiles estrategias de asimilación, sino también a partir de la toma de conciencia de la precariedad de esta empresa cosmopolita, escasa de lectores en el contexto francés. En el *Mercure de France,* ser cosmopolita implicaba para el escritor hispanoamericano, estar consciente de no serlo, o de serlo únicamente de manera menor y marginal. Poscolonialismo y exilio serían entonces dos ámbitos para repensar las propuestas fundacionales del modernismo, y así retomar los aportes de este capítulo dentro de una discusión teórica no privativa de los estudios modernistas, pero sí concerniente al pensamiento latinoamericanista del siglo XX que reflexionó sobre la identidad cultural en términos de la inserción de lo local en lo global como un productivo suplemento diferencial.

Asimismo, sería necesario ahondar en el estudio de la crítica transatlántica del movimiento, para cancelar la manida interpretación sobre el modernismo y sus fuentes. La crítica al modernismo de Remy de Gourmont y Miguel de Unamuno debe ser retomada, no sólo a nivel estilístico, sino considerando también la geopolítica europea en el campo de la cultura y en un contexto mayor al de las revistas aquí estudiadas.

Por otra parte, si la *Revista de América* posibilitó la lectura de la trayectoria personal de Darío, como la del agente que propició la relativa autonomía del campo literario hispanoamericano, la *Revista Azul* de México (estudiada en el tercer capítulo de este libro) evidenció la manera en que otra trayectoria personal, la de Manuel Gutiérrez Nájera, fue manipulada en beneficio de los ideales de un régimen particular, el de Porfirio Díaz. El contraste entre estas dos aproximaciones es significativo para evaluar los límites de la autonomía literaria frente a la política en este periodo. En el contexto de la cultura bonaerense y como escritor errante, Darío facilitó la soberanía de la literatura con sus políticas conciliatorias, en cambio, la *Revista Azul*, en el seno del Porfiriato, propició la subordinación de la propuesta literaria de su escritor de cabecera, el Duque Job, a las políticas del estado.

El proceso de tradición selectiva a través del cual la obra y la figura de Gutiérrez Nájera se incorporaron de manera efectiva a la cultura porfiriana del orden y el progreso en la *Revista Azul*, fue también observado en otras publicaciones y desde otros ángulos. Se reflexionó principalmente sobre la manera en que el modernismo fue interpretado como pasado literario inmediato desde una remozada actualidad: la de un presente siempre vigente. A diferencia de la *Revista de América* que, como formación, evidenció el estado de latencia de un grupo aún no consolidado, el *Mercure de France*, y también la *Revista Moderna de México* (nos referimos a su segunda época), facilitaron la discusión diacrónica del modernismo, es decir, la manera en que este fue canonizado dentro de la lógica de una historia literaria. En la *Revista Moderna de México*, estudiada en el cuarto capítulo, el discurso modernista adquirió carta de ciudadanía a través de una visión universalista de la literatura, que conjugaba el hispanismo de Unamuno y una lectura trascendentalista del decadentismo francés; en el *Mercure de France,* con el mundonovismo de Contreras, el modernismo fue historiado como movimiento fundacional de la literatura hispanoamericana a partir de la figura de Darío, síntesis del proyecto modernizador, pero también con un repliegue frente a la experimentación vanguardista de los años veinte. Ambas formas de autorización recuerdan las estrategias darianas en el contexto de la efímera *Revista de América* quince años atrás.

Se conjetura entonces que con una lectura de conjunto de las revistas es posible reflexionar sobre la lógica constitutiva del modernismo dentro de la institución literaria. Por ejemplo, de lo anterior es factible preguntarse hasta qué punto la canonización del modernismo en el contexto internacional y en otros ámbitos hispanoamericanos, no estaba ya predispuesta desde Buenos Aires con las políticas conciliatorias del por entonces joven errante Rubén Darío.

La tradicional periodización literaria en términos evolucionistas e inmanentes ha sido también cuestionada en el estudio de la *Revista Moderna* (cuarto capítulo). Se ha constatado que, en sus páginas, el discurso modernista y el ateneísta se sucedieron en convivencia armónica. Con ello se presenta la siguiente reflexión: ¿Es el ateneísmo la evidencia de una profunda ruptura ideológica y estética con el modernismo porfiriano en los albores de la Revolución Mexicana, o es simplemente una prueba más de la fuerza constitutiva de la ciudad letrada y de sus efectivos reacomodos frente al cambio histórico y político?

A partir del estudio de esta revista y también de la *Revista Azul,* el libro ha retomado la relación entre literatura y sociedad, tratando de evitar una aproximación determinista. La canonización del Duque Job en la *Revista Azul* es evidencia de que esta publicación actuaba como vocera de una cultura oficial. No obstante, al constituir también un reducto de modernización y formar una red de discursos múltiples, (nuevamente el eclecticismo), la revista propició la reflexión sobre un estado fuerte y autoritario, pero a la vez propiciador de una cultura expansiva y tendiente a la democratización, lo que habría de producir, finalmente, su descentralización.

En sus dos épocas y con el ambicioso objetivo de constituirse en la publicación cultural más representativa del Porfiriato, la *Revista Moderna* da cuenta del papel de este estado modernizado frente a la emergente industria cultural. En el cuarto capítulo se sopesaron los límites de la tendiente democratización de la revista. Se constató que, en ella, el discurso modernista respondió coherentemente a las políticas de la nación-estado, pero también a las necesidades recreativas de una sociedad afluente que hacía del arte un objeto de lujo decorativo y empezaba a consumirlo en un mercado de bienes culturales diferenciado del estado. Una hipótesis se desprende de estas conclusiones: que el modernismo devino producto de consumo de las elites letradas durante el Porfiriato, y que posteriormente se democratizó, pero sólo a través del registro sentimental en boleros y tangos de los años veinte. En ambos casos queda cuestionada su radicalidad vanguardista.

Con este último capítulo, el estudio también se ha vinculado con otras disciplinas fuera del campo modernista, principalmente la historia y la educación. Se concluyó que la *Revista Moderna* no puede ser leída exclusivamente en términos literarios al conformar un foro textual y gráfico de la agenda cultural porfiriana. De la lectura comprensiva de esta revista se han derivado, sin embargo, varias incógnitas sobre el papel de un escritor, discurso o política cultural en un contexto más amplio. Un trabajo de fondo al respecto sería necesario para complementar las conclusiones aquí presentadas.

El enfoque de este libro permitió desplazar el estudio de ciertos intelectuales hacia aquellas disciplinas comúnmente no asociadas a su campo de acción; con ello se dinamizó la magnitud de su agencia cultural. El caso de Justo Sierra, usualmente asociado a la historia, la educación o la política, pero rara vez vinculado con el campo literario donde se desenvolvió como mentor modernista y, a la vez, como precursor ateneísta, debe ser desarrollado con detenimiento. De igual forma, con el enfoque aquí presentado se reflexionó sobre la correspondencia de las artes desde un ángulo exterior a la ideología del arte por el arte; un estudio de mayor profundidad sobre escultores y pintores como Jesús Contreras o Julio Ruelas, en relación al discurso literario modernista pero también al registro visual porfiriano queda pendiente.

La lectura de la *Revista Moderna*, y también de la *Revista Azul*, permitió destacar el papel de escritores menores como agentes de consagración; tras bambalinas, estos contribuyeron a consolidar movimientos literarios de trascendencia. Este es el caso de Carlos Díaz Dufóo y Jesús F. Valenzuela, cuyo estudio, más allá de las revistas que fundaron, aún está por hacerse. Finalmente, la lectura de revistas permitió entrever los desacompasados pasos de la historia frente a la impasibilidad de los imaginarios de la civilización y el progreso. Hay que volver a las páginas de la *Revista Moderna de* México, y de otras publicaciones de la época, para situar las fracturas de sentido de la fiesta porfiriana del Centenario ante la irrupción violenta de la Revolución Mexicana.

Bibliografía

"A nuestros lectores". [Aviso] *Revista Moderna de México. Magazine mensual. Político, científico, literario y de actualidades* XI/72 (1909): 384.

Aching, Gerard. *The Politics of Spanish American Modernismo: By Exquisite Design*. Cambridge/New York: Cambridge University Press, 1997.

Ahumada, Alfredo. "Introducción". *Las crónicas de Francisco Contreras en el Mercure de France: Traducción y edición*. Diss. City University of New York, 1995. 1-109.

Altamirano, Ignacio Manuel. "Páginas olvidadas. La cruz de la montaña". *Revista Azul* 2/24 (14 abril 1895): 379.

_____ "El año nuevo". *Revista Azul* 2/9 (30 diciembre 1894): 139.

"Amado Nervo en el Ateneo de Madrid". [Anónimo] *Revista Moderna de México. Magazine mensual. Político, científico, literario y de actualidades* V/33 (1906): 192-94.

Anderson, Benedict. *Imagined Communities. Reflections on the Origin and Spread of Nationalism*. [1983] Londres: Verso, 1991.

Anderson Imbert, Enrique. "Prólogo". Rubén Darío. *Autobiografías*. Buenos Aires: Ediciones Marymar, 1976. 7-28.

"Anuncio". [Nota de la dirección] *Revista Moderna. Arte y Ciencia* II/1 (1899): 32.

"Artistas americanos. Julio Ruelas". [Anónimo de *América en la Plata*] *Revista Moderna de México. Magazine mensual. Político, científico, literario y de actualidades* X/61 (1908): 21-2.

Balakian, Anna. *The Symbolist Movement: A Critical Appraisal*. New York: Random House, 1967.

_____ ed. *The Symbolist Movement in the Literature of European Languages.* Budapest: Akadémiai Kiadó, 1984.

Barcia, Pedro Luis. "Estudio preliminar". *Escritos dispersos de Rubén Darío.* Pedro Luis Barcia, ed. Tomo I. La Plata: Universidad Nacional de la Plata, 1968. 9-82.

Barra, Eduardo de la. "Prólogo". *Azul.* Por Rubén Darío. Valparaíso: Imprenta Excélsior, 1888. III-XXXIV.

Barreda, Gabino. "De la educación moral". *Revista Moderna de México. Magazine mensual. Político, científico, literario y de actualidades* IX/55 (1908): 55-61.

_____ "Algunas ideas respecto de instrucción primaria". *Revista Moderna. Arte y Ciencia* IV/19 (1901): 311-12.

_____ "Algunas ideas respecto de instrucción primaria". *Revista Moderna. Arte y Ciencia* IV/18 (1901): 292-95.

_____ "Algunas ideas respecto de instrucción primaria". *Revista Moderna. Arte y Ciencia* IV/17 (1901): 276-80.

_____ "Algunas ideas respecto de instrucción primaria". *Revista Moderna. Arte y Ciencia* IV/15 (1901): 237-41.

Barros-Lemez, Álvaro. "Prólogo". *Índices de El Mercurio de América.* Montevideo: Universidad de la República, 1969. 3-23.

Bartra, Armando. "El periodismo gráfico en las dos primeras décadas del siglo: de la subversión a la restauración con intermedio escapista". *Las publicaciones periódicas y la historia de México. (Ciclo de conferencias).* Aurora Cano Andaluz, ed. México: Universidad Nacional, 1995. 89-103.

Bastos, María Luisa. "La crónica modernista de Enrique Gómez Carrillo o la función de la trivialidad". *Relecturas. Estudios de textos hispanoamericanos.* Buenos Aires: Hachette, 1989. 51-73.

Baudelaire, Charles. *L'art romantique.* [1869] Prefacio. Ernest Reynaud. París: Garnier, 1931.

_____ "¿Cuál es la verdadera?" *Revista Azul* 4/24 (12 abril 1896): 381.

Bazant, Mílada. *Historia de la educación durante el Porfiriato.* México: El Colegio de México, 1993.

_____ "Lecturas del Porfiriato". *Historia de la lectura en México*. Pilar Gonzalbo, ed. México: El Colegio de México-Ediciones El Ermitaño, 1988. 204-39.

Beckson, Kart, ed. *Aesthetes and Decadents of the 1890's. An Anthology of British Poetry and Prose*. New York: Vintage Books, 1966.

Beltrán Lloris, Miguel. "San José de Calasanz". *Aragoneses Ilustres*. M. Beltrán, et al., eds. Zaragoza: Caja de Ahorros de la Inmaculada, 1983. 84-85.

Benjamin, Walter. *Charles Baudelaire: A Lyric Poet in the Era of High Capitalism*. Harry Zohn, trad. Londres: Suhrkamp Verlag, 1973.

Blasco Ibáñez, Vicente. "Dos viajeros valencianos". *Revista Moderna de México. Magazine mensual. Político, científico, literario y de actualidades* VIII/52 (1907): 244-45.

Bourdieu, Pierre. *The Field of Cultural Production: Essays on Art and Literature*. Randal Johnson, ed. New York: Columbia University Press, 1993.

_____ *The Rules of Art: Genesis and Structure of the Literary Field*. Susan Emanuel, trad. Cambridge: Polity Press, 1996.

Bourget, Paul. *Essais de Psychologie Contemporaine*. [1883] Paris: Alphonse Lemerre Editeur, 1893.

Bowler, Peter J. *The Invention of Progress. The Victorians and the Past*. Oxford: Basil and Blackwell, 1989.

Bronfen, Elizabeth. *Over her Death Body. Death, Feminity, and the Aesthetic*. New York: Routledge, 1992.

Calinescu, Matei. *Five Faces of Modernity*. Durham: Duke University Press, 1987.

Campo, Ángel de [Micrós]. "El Duque Job". *Revista Azul* 4/14 (2 febrero 1896): 220-1.

_____ "Luis G. Urbina". *Revista Azul* 3/7 (16 junio 1895): 107-9.

Campos, Rubén M. *El bar. La vida literaria en México en 1900*. México: Universidad Nacional Autónoma de México, 1996.

_____ "Cuento bohemio". *Revista Moderna. Arte y Ciencia* 4/17 (1901): 266-68.

Carter, Boyd G. "La 'Revista de América' de Darío y Jaimes Freyre en el modernismo de la Argentina". [Introducción] *Revista de América*. 3

nums. Rubén Darío y Ricardo Jaimes Freyre, eds. Buenos Aires, 1894. Ed. Facsimilar. Boyd G. Carter. Managua: Comisión Nacional para la celebración del centenario del nacimiento de Rubén Darío con la colaboración del Instituto Nacional de Seguridad Social, 1967. 25-42.

_____ *Manuel Gutiérrez Nájera. Estudio y escritos inéditos*. México: Andrea, 1956.

_____ y Joan Carter, eds. *Manuel Gutiérrez Nájera. Florilegio crítico conmemorativo*. México: Andrea, 1966.

Carter, E. A. *The Idea of Decadence in French Literature 1830-1900*. Toronto: University of Toronto Press, 1958.

Casal, Julián del. "Galatea". *Revista Azul* 4/13 (26 enero 1896): 197.

Caso, Antonio. "Nietzsche". *Revista Moderna de México. Magazine mensual. Político, científico, literario y de actualidades* VII/48 (1907): 349-58.

Cavalaro, Diana. *Revistas argentinas del siglo XIX*. Buenos Aires: Asociación Argentina de editores de Revistas, 1996.

Ceballos, Ciro B. "Seis Apologías. Jesús Urueta". *Revista Moderna. Arte y Ciencia* 2/2 (1899): 40-42.

_____ "Seis Apologías. Jesús Valenzuela". *Revista Moderna. Arte y Ciencia* 1/7 (1898): 102-05.

_____ "Seis Apologías. Julio Ruelas". *Revista Moderna. Arte y Ciencia* 1/4 (1898): 55-57.

_____ "Seis Apologías. Rafael Delgado". *Revista Moderna. Arte y Ciencia* 1/2 (1898): 20-23.

_____ "Seis Apologías. Balbino Dávalos". *Revista Moderna. Arte y Ciencia* 1/1 (1898): 9-12.

Celma Valero, María Pilar. "El modernismo visto por sus contemporáneos: las encuestas en las revistas de la época". *¿Qué es el modernismo? Nueva encuesta; nuevas lecturas*. Richard A. Cardwell y Bernard McGuirk, eds. Boulder: Society of Spanish and Spanish-American Studies, 1993. 25-38.

Clark de Lara, Belem. *Tradición y modernidad en Manuel Gutiérrez Nájera*. México: Universidad Nacional Autónoma de México, 1998.

_____ y Ana Laura Zavala Díaz, eds. *La construcción del modernismo.* México Universidad Nacional Autónoma de México, 2002.
_____ y Fernando Curiel, eds. *Revista Moderna de México 1903-1911. I. Índices.* México: Universidad Nacional Autónoma de México, 2002.
_____ y Fernando Curiel, eds. *Revista Moderna de México 1903-1911. II Contexto.* México: Universidad Nacional Autónoma de México, 2002.
_____ y Fernando Curiel. "Estudio introductorio". *Revista Moderna de México I (1903-1911).* 15-95.
_____ y Fernando Curiel. "Suscriptores y 'Los demás'. La Sociedad que leía la Revista Moderna de México". *Revista Moderna de México II (1903-1911).* 9-30.
Cócaro, Nicolás. *Julián Martel.* Buenos Aires: A-Z editoria, 1986.
Coll, Pedro Emilio. "Lettres Latino-Américaines". *Mercure de France* XXVII/103 (1898): 308-12.
_____ "Lettres Latino-Américaines". *Mercure de France* XXV/101 (1898): 636-42.
_____ "Lettres Latino-Américaines". *Mercure de France* XXV/97 (1898): 333-38.
_____ "Lettres Latino-Américaines". *Mercure de France* XXIV/94 (1897): 303-09.
Contreras, Francisco. *Rubén Darío. Su vida y su obra por Francisco Contreras.* Barcelona: Agencia Mundial de Librería. Tipografía Cosmos, 1930.
_____ "Lettres Hispano-Amèricaines". *Mercure de France* CCXXV/782 (1931): 477-82.
_____ "Lettres Hispano-Amèricaines". *Mercure de France* CCXXIII/776 (1930): 495-500.
_____ "Lettres Hispano-Amèricaines". *Mercure de France* CLXX/617 (1924): 537-45.
_____ "Lettres Hispano-Amèricaines". *Mercure de France* CLVI/576 (1922): 812-17.
_____ "Lettres Hispano-Amèricaines". *Mercure de France* CLV/571 (1922): 245-51.
_____ "Lettres Hispano-Amèricaines". *Mercure de France* CXLVII/549 (1921): 824-30.

_____ "Lettres Hispano-Amèricaines". *Mercure de France* CXXXV/512 (1919): 723-28.

_____ "Lettres Hispano-Amèricaines". *Mercure de France* CXXXIV/506 (1919): 341-46.

_____ "Lettres Hispano-Amèricaines". *Mercure de France* CXXIII/464 (1917): 713-20.

_____ "Lettres Hispano-Amèricaines". *Mercure de France* CXIX/448 (1917): 715-23.

_____ "Lettres Hispano-Amèricaines". *Mercure de France* CXVII/439 (1916): 519-27.

_____ "Lettres Hispano-Amèricaines". *Mercure de France* CVIII/403 (1914): 644-51.

_____ "Lettres Hispano-Amèricaines". *Mercure de France* CV/389 (1913): 209-15.

_____ "Lettres Hispano-Amèricaines". *Mercure de France* CI/374 (1913): 426-32.

_____ "Lettres Hispano-Amèricaines". *Mercure de France* XCII/340 (1911): 880-84

_____ "Lettres Hispano-Amèricaines". *Mercure de France* XCI/333 (1911): 209-14.

_____ "Lettres Hispano-Amèricaines". *Mercure de France* LXXXIX/328 (1911): 876-80.

Coppée, François. "Madame Carnot". *Revista Azul* 1/12 (22 julio 1894): 189-91.

Cravioto, Alfonso. "Alocución de Alfonso Cravioto. Pronunciada en el meeting del Teatro Virginia Fregas". *Revista Moderna de México. Magazine mensual. Político, científico, literario y de actualidades* IX/55 (1908): 53-4.

Creel, Enrique. "Discurso". *Revista Moderna de México. Magazine mensual. Político, científico, literario y de actualidades* III/19 (1905): 34-40.

Curiel, Fernando. "El ateneo modernista". *Literatura Mexicana* 7/1 (1996): 39-59.

Darío, Rubén. *El canto errante*. Madrid: Pérez Villavicencio, 1907.

_____ *Cantos de vida y esperanza. Los cisnes y otros poemas.* Madrid: Tip. de la Revista de Archivos, Bibliotecas y Museos, 1905.

_____ *Prosas profanas y otros poemas.* [1896] París/México: Librería de la Viuda de Charles Bouret, 1901.

_____ *Azul.* Valparaíso: Imprenta Excélsior, 1888.

_____ *Cartas desconocidas de Rubén Darío (1883-1916).* José Jirón Terán, ed. Managua: Academia Nicaragüense de la Lengua, 1999.

_____ "A Luis Berisso, VI". Carta 51. *Cartas desconocidas de Rubén Darío (1883-1916).* José Jirón Terán, ed. Managua: Academia Nicaragüense de la Lengua, 1999. 146-47.

_____ "A Luis Berisso, VII". Carta 52. *Cartas desconocidas de Rubén Darío (1883-1916).* José Jirón Terán, ed. Managua: Academia Nicaragüense de la Lengua, 1999. 148-9.

_____ *Autobiografía. Autobiografías.* Enrique Anderson Imbert, ed. Buenos Aires: Ediciones Marymar, 1976. 29-154.

_____ *El oro de Mallorca. Autobiografías.* Enrique Anderson Imbert, ed. Buenos Aires: Ediciones Marymar, 1976. 179-222.

_____ *Páginas desconocidas de Rubén Darío.* Roberto Ibáñez, ed. Montevideo: Biblioteca Marcha, 1970.

_____ "'La Revista Americana'. De un poeta montevideano". [*La Razón* 12 agosto 1894] *Páginas desconocidas de Rubén Darío.* Roberto Ibáñez, ed. Montevideo: Biblioteca Marcha, 1970. 48-50.

_____ "Literatura argentina. La Atenas del Sur. Su somnolencia actual". [*La Razón* 24 jun. 1894] *Páginas desconocidas de Rubén Darío.* Roberto Ibáñez, ed. Montevideo: Biblioteca Marcha, 1970. 31-4.

_____ "Prometeo". [*Artes y Letras* 11 feb. 1894] *Páginas desconocidas de Rubén Darío.* Roberto Ibáñez, ed. Montevideo: Biblioteca Marcha, 1970. 81-84

_____ "Salvador Rueda". [*La Razón* 23 sept. 1894] *Páginas desconocidas de Rubén Darío.* Roberto Ibáñez, ed. Montevideo: Biblioteca Marcha, 1970. 62-5.

_____ *Escritos dispersos de Rubén Darío.* Tomo I. Pedro Luis Barcia, ed. La Plata: Universidad Nacional de La Plata, 1968.

_____ "Julián Martel y 'la Bolsa'". [*Buenos Aires* 27 mar. 1898] *Escritos dispersos de Rubén Darío*. Tomo I. Pedro Luis Barcia, ed. La Plata: Universidad Nacional de La Plata, 1968. 103-105.

_____ *Obras Completas*. Tomo I. Crítica y Ensayo. Madrid: Afrodisio Aguado, 1950.

_____ "La evolución del rastacuerismo". *Obras Completas*. Tomo I. Crítica y Ensayo. Madrid: Afrodisio Aguado, 1950. 348-54.

_____ *Escritos inéditos de Rubén Darío; recogidos de periódicos de Buenos Aires*. E. K. Mapes, ed. New York: Instituto de las Españas en los Estados Unidos, 1938.

_____ "Dinamita". [*La Tribuna* 27 nov. 1893] *Escritos inéditos de Rubén Darío; recogidos de periódicos de Buenos Aires*. E. K. Mapes, ed. New York: Instituto de las Españas en los Estados Unidos, 1938. 24-8.

_____ "Hierro". [*La Tribuna* 22 sept. 1893] *Escritos inéditos de Rubén Darío; recogidos de periódicos de Buenos Aires*. E. K. Mapes, ed. New York: Instituto de las Españas en los Estados Unidos, 1938. 8-9.

_____ "La cólera del oro". [*La Tribuna* 14 enero 1894] *Escritos inéditos de Rubén Darío; recogidos de periódicos de Buenos Aires*. E. K. Mapes, ed. New York: Instituto de las Españas en los Estados Unidos, 1938. 35-9.

_____ "La política y las letras". [*La Nación* 26 enero 1895] *Escritos inéditos de Rubén Darío; recogidos de periódicos de Buenos Aires*. E. K. Mapes, ed. New York: Instituto de las Españas en los Estados Unidos, 1938. 66-74.

_____ "Pro Domo Mea". [*La Nación* 30 enero 1894] *Escritos inéditos de Rubén Darío; recogidos de periódicos de Buenos Aires*. E. K. Mapes, ed. New York: Instituto de las Españas en los Estados Unidos, 1938. 50-51.

_____ "Un poeta socialista. Leopoldo Lugones". [*El Tiempo* 12 mayo 1896] *Escritos inéditos de Rubén Darío; recogidos de periódicos de Buenos Aires*. E. K. Mapes, ed. New York: Instituto de las Españas en los Estados Unidos, 1938. 102-08.

_____ "Hechos e ideas. París y los escritores extranjeros". *Revista Moderna de México. Magazine mensual. Político, científico, literario y de actualidades* VIII/53 (1908): 310-15.

_____ "Evocaciones artísticas". *Revista Moderna de México. Magazine mensual. Político, científico, literario y de actualidades* I/5 (1904): 298-300.

_____ "La intelectualidad extranjera en París". *Revista Moderna. Arte y Ciencia* VI/16 (1903): 241-248.

_____ "Julián del Casal". *Revista Azul* 3/25 (20 octubre 1895): 394-6.

_____ "Revistas jóvenes de América". *Revista de América* 1/3 (1894): 59-60.

_____ "La exposición de Mendilaharzu". *Revista de América* 1/3 (1894): 56-58.

_____ "Rafael Núñez". *Revista de América* 1/3 (1894): 41.

_____ "Gabriel D'Annunzio. I. El poeta". *Revista de América* 1/2: (1894): 31-32.

_____ "Un esteta italiano. Gabriel D'Annunzio". *Revista de América* 1/1 (1894): 10-11.

Dauphiné, Claude. "Rachilde et le 'Mercure'". *Revue d'Histoire Littéraire de la France*, I (Enero-Febrero 1992): 17-28.

Dávalos, Balbino. "Programa para la clase de Literatura General en la Escuela Nacional Preparatoria". *Revista Moderna de México. Magazine mensual. Político, científico, literario y de actualidades* I/11 (1904): 703-11.

Décaudin, Michel. "Le 'Mercure de France': Filiations et orientations". *Revue d'Histoire Littéraire de la France* I (1992): 7-16.

Decker, Clarence R. *Richard Le Gallienne. A Centenary Memoir-Anthology.* New York: The Apollo Head Press, 1966.

Del Conde, Teresa. *Julio Ruelas*. México: Universidad Nacional Autónoma de México, 1976.

Díaz Alejo, Ana Elena. *La prosa en la Revista Azul (1894-1896)*. México: Universidad Nacional Autónoma de México, 1965.

_____ y Ernesto Prado Velásquez. *Índice de la Revista Azul (1894-1896)*. México: Universidad Nacional Autónoma de México, 1968.

Díaz Dufóo, Carlos. "Mañana". *Revista Azul* 4/14 (2 febrero 1896): 222-3.

_____ [Petit Bleu]. "Azul Pálido". *Revista Azul* 4/8 (22 diciembre 1895): 128.

_____ [Petit Bleu]. "Azul Pálido". *Revista Azul* 2/26 (28 abril 1895): 419-20.

_____ [Petit Bleu]. "Azul Pálido". *Revista Azul* 2/21 (24 marzo 1895): 340.

_____ "Al rededor del lecho". *Revista Azul* 2/14 (3 febrero 1895): 213-4.

_____ "Los tristes". *Revista Azul* 1/25 (21 octubre 1894): 385-7.

_____ "Un problema fin de siglo". *Revista Azul* 1/23 (7 octubre 1894): 356-7.

_____ [Petit Bleu]. "Azul Pálido". *Revista Azul* 1/11 (15 julio 1894): 174-6.

_____ [Petit Bleu]. "Azul Pálido". *Revista Azul* 1/10 (8 julio 1894): 159-60.

_____ [Petit Bleu]. "Azul Pálido". *Revista Azul* 1/9 (1 julio 1894): 144.

_____ "La Pereza". *Revista Azul* 1/2 (13 mayo 1894): 27-8.

Díaz, Leopoldo. *Las sombras de Hellas. Les ombres d'Hellas*. Avec la traduction en vers français par F. Rasin. Préface de Remy de Gourmont. Genève: C. Eggimann, 1902.

Díaz Romero, Eugenio. "Lettres Hispano-Américaines". *Mercure de France* LV/191 (1905): 463-66.

_____ "Lettres Hispano-Américaines". *Mercure de France* LVII/200 (1904): 630-33.

_____ "Lettres Hispano-Américaines". *Mercure de France* LII/179 (1904): 537-43.

_____ "Lettres Hispano-Américaines". *Mercure de France* LI/177 (1904): 827-37.

_____ "Lettres Hispano-Américaines". *Mercure de France* L/174 (1904): 827-37.

_____ "Lettres Hispano-Américaines". *Mercure de France* XLVIII/167 (1903): 551-58.

_____ "Lettres Hispano-Américaines". *Mercure de France* XLIV/156 (1902): 560-66.

_____ "Lettres Hispano-Américaines". *Mercure de France* XXXVIII/137 (1901): 567-71.

"El festival de 'Revista Moderna'". [Anuncio] *Revista Moderna. Arte y Ciencia* IV/4 (1901): 62-63.

"El homenaje en honor de don Gabino Barreda". [Anónimo] *Revista Moderna de México. Magazine mensual. Político, científico, literario y de actualidades* IX/55 (1908): 51-52.

"El monumento a Juárez". [Anónimo] *Revista Moderna de México. Magazine mensual. Político, científico, literario y de actualidades* IV/30 (1906): 371-73.

"El primer aniversario de Ruelas". [Anónimo de *Nuevos Horizontes*] *Revista Moderna de México. Magazine mensual. Político, científico, literario y de actualidades* X/61 (1908): 35-6.

Ellman, Richard. "Introduction". Arthur Symons. *The Symbolist Movement in Literature*. [1899] New York: E.P. Dutton and Co., 1958. VII-XVI.

"Erección de una estatua al Duque Job. Lista de subscripción abierta por la Revista Moderna de México hasta el día 30 de septiembre de 1907". [Aviso] *Revista Moderna de México. Magazine mensual. Político, científico, literario y de actualidades* VII/49 (1907): 64.

"Erección de una estatua al Duque Job. Lista de subscripción abierta por la Revista Moderna de México hasta el día 31 de julio de 1907". [Aviso] *Revista Moderna de México. Magazine mensual. Político, científico, literario y de actualidades* VII/47 (1907): 320.

"Erección de una estatua al Duque Job. Lista de subscripción abierta por la Revista Moderna de México hasta el día 30 de junio de 1907". [Aviso] *Revista Moderna de México. Magazine mensual. Político, científico, literario y de actualidades* VII/46 (1907): 248.

"Erección de una estatua al Duque Job. Lista de subscripción abierta por la Revista Moderna de México hasta el día 31 de mayo de 1907". [Aviso] *Revista Moderna de México. Magazine mensual. Político, científico, literario y de actualidades* VII/45 (1907): 192.

"Erección de una estatua al Duque Job. Lista de subscripción abierta por la Revista Moderna de México hasta el día 30 de abril de 1907". [Aviso] *Revista Moderna de México. Magazine mensual. Político, científico, literario y de actualidades* VII/44 (1907): 128.

"Erección de una estatua al Duque Job. Lista de subscripción abierta por la Revista Moderna de México hasta el día 31 de marzo de 1907". [Aviso] *Revista Moderna de México. Magazine mensual. Político, científico, literario y de actualidades* VII/43 (1907): 64.

"Erección de una estatua al Duque Job. Lista de subscripción abierta por la Revista Moderna de México, hasta el día 31 de enero de 1907". [Aviso] *Revista Moderna de México. Magazine mensual. Político, científico, literario y de actualidades* VI/42 (1907): 396.

Esteva, Adalberto A. "A Manuel Gutiérrez Nájera". *Revista Azul* 4/14 (2 febrero 1896): 216.

Fernández, Teodosio. *Rubén Darío*. Madrid: Historia 16. Quórum. Sociedad Estatal para la Ejecución de Programas del Quinto Centenario, 1987.

Fletcher, Ian y Malcolm Bradbury, eds. *Decadence and the 1890's*. Nueva York: Vintage Books, 1980.

Flores, Manuel. "El Duque Job". *Revista Azul* 4/14 (2 febrero 1896): 212-3.

_____ "El beato Calasanz". *Revista Azul* 2/4 (25 noviembre 1894): 53-56.

France, Anatole. "Poncio Pilatos". *Revista Azul* 2/24 (14 abril 1895): 377-8.

Fraser, Howard M. *Magazines & Masks: Caras y Caretas as a Reflection of Buenos Aires, 1898-1908*. Tempe: Arizona State University Press, 1987.

Galtier, Lisandro, Z. D. *Carlos de Soussens y la bohemia Porteña*. Buenos Aires: Ediciones culturales argentinas, 1973.

Gilman, Richard. *Decadence. The Strange Life of an Epithet*. New York: Farrar, Straus, and Giroux, 1979.

Giusti, Roberto F. *Momentos y aspectos de la cultura argentina*. Buenos Aires: Editorial Raigal, 1954.

Gómez Carrillo, Enrique. *Treinta años de mi vida*. Guatemala: Editorial José de Pineda Ibarra, 1974.

_____ "Lettres Espagnoles". *Mercure de France* LII/180 (1904): 820-27.

_____ "Lettres Espagnoles". *Mercure de France* LI/177 (1904): 834-39.

_____ "Lettres Espagnoles". *Mercure de France* L/172 (1904): 270-76.
_____ "Lettres Espagnoles". *Mercure de France* XLIX/170 (1904): 554-62.
_____ "Los poetas jóvenes de Francia". *Revista de América* 1/3 (1894): 42-47.
_____ "Los poetas jóvenes de Francia". *Revista de América* 1/2 (1894): 22-25.
_____ "Los poetas jóvenes de Francia". *Revista de América* 1/1 (1894): 4-9.
González Navarro, Moisés. *El Porfiriato. La vida social.* México: Hermes, 1970.
González Pérez, Aníbal. *Journalism and the Development of Spanish American Narrative.* Cambridge: Cambridge University Press, 1993.
_____ *La crónica modernista hispanoamericana.* Madrid: Porrúa Turanzas, 1983.
Gourmont, Remy de. "Preface". Leopoldo Díaz. *Las sombras de Hellas. Les ombres d'Hellas.* F. Raisin, trad. Genève: C. Eggimann, 1902.
Gullón, Ricardo. *Direcciones del modernismo.* Madrid: Gredos, 1971.
_____ "Introducción". *El modernismo visto por los modernistas.* Ricardo Gullón, ed. Barcelona: Labor, 1980. 5-34.
Gutiérrez Girardot, Rafael. *Modernismo.* Barcelona: Montesinos, 1983.
Gutiérrez, José Ismael. "La crítica literaria en la *Revista de América* de Rubén Darío y Ricardo Jaimes Freyre o el eclecticismo modernista en las publicaciones literarias hispanoamericanas de fin de siglo". *Revista Iberoamericana* LXII/175 (1996): 367-83.
_____ *Manuel Gutiérrez Nájera y sus cuentos.* New York: Peter Lang, 1999.
Gutiérrez Nájera, Manuel. "El arte y el materialismo". [*El Correo Germánico* agosto-sept. 1876] *La construcción del modernismo.* Belem Clark de Lara y Ana Laura Zavala Díaz, eds. México: Universidad Nacional Autónoma de México, 2002. 3-32.
_____ "Viajes extraordinarios de Sir Job, Duque". *Revista Moderna de México. Magazine mensual. Político, científico, literario y de actualidades* VII/47 (1907): 259-61.

_____ "Viajes extraordinarios de Sir Job, Duque". *Revista Moderna de México. Magazine mensual. Político, científico, literario y de actualidades* VII/ 46 (1907): 195-200.

_____ "Viajes extraordinarios de Sir Job, Duque". *Revista Moderna de México. Magazine mensual. Político, científico, literario y de actualidades* VII/ 45 (1907): 143-47.

_____ "Viajes extraordinarios de Sir Job, Duque". *Revista Moderna de México. Magazine mensual. Político, científico, literario y de actualidades* VII/ 44 (1907): 67-71.

_____ "Luis Urbina". *Revista Azul* 3/7 (16 junio 1896): 97-103.

_____ [Duque Job]. "Para mañana". *Revista Azul* 3/11 (14 julio 1895): 161-62.

_____ [Duque Job]. "Juárez". *Revista Azul* 3/12 (21 julio 1895): 177-8.

_____ [Duque Job]. "El asno a Jerusalén". *Revista Azul* 2/23 (7 abril 1895): 357-59.

_____ [Duque Job]. "La Virgen de Guadalupe". *Revista Azul* 2/6 (9 diciembre 1894): 90-93.

_____ "La 'primera' del 'Calasanz'". *Revista Azul* 2/2 (11 noviembre 1894): 21-23.

_____ "El cruzamiento en literatura". *Revista Azul* 1/9 (9 septiembre 1894): 289-92.

_____ "Asunción". *Revista Azul* 1/16 (19 agosto 1894): 241-42.

_____ "Medallones Femeninos. Carmen Romero Rubio de Díaz". *Revista Azul* 1/11 (15 julio 1894): 161-63.

_____ [Duque Job]. "La muerte de Sadi Carnot". *Revista Azul* 1/9 (1 julio 1894): 129-31.

_____ [Duque Job]. "El bautismo de la 'Revista Azul'". *Revista Azul* 1/ 7 (17 junio 1894): 97-8.

_____ [Duque Job]. "Al pie de la escalera". *Revista Azul* 1/1 (6 mayo 1894): 1-2.

Hale, Charles. *The Transformation of Liberalism in Late Nineteenth Century Mexico.* Princeton: Princeton University Press, 1989.

_____ "Political and Social Ideas in Latin America, 1870-1930". *The Cambridge History of Latin America.* Leslie Bethell, ed. vol. 4. Cambridge: Cambridge University Press, 1986. 367-441.

Henríquez Ureña, Max. *Breve historia del modernismo.* México: Fondo de Cultura Económica, 1954.

_____ "Palabras" [Pronunciadas en la manifestación de la juventud literaria del miércoles 17 de abril, en la ceremonia de la Alameda] *Revista Moderna de México. Magazine mensual. Político, científico, literario y de actualidades* VII/45 (1907): 139-41.

Henríquez Ureña, Pedro. "Pure Literature". *Literary Currents in Hispanic America.* Cambridge: Harvard University Press, 1945. 161-84.

_____ "Un clásico del siglo XX". *Revista Moderna de México. Magazine mensual. Político, científico, literario y de actualidades* VII/47 (1907): 296-303.

Hernández de López, Ana María. *El Mundial Magazine de Rubén Darío.* Madrid: Beramar, 1989.

Holdsworth, Carole. *A Study of the Revista Moderna. Mexico, 1898-1903.* Diss. Northwestern University. 1965.

Hyde, Montgomery H. "Introduction". *The Romantic 90's.* [1925]. Richard Le Gallienne. London: Putman and Co., 1951. xi-xxxiv.

Ingenieros, José. "La personalidad intelectual de José Ramos Mejía". Prólogo. José Ramos Mejía. [1878] *Las neurosis de los hombres célebres en la historia argentina.* Buenos Aires: La Cultura Argentina, 1915.

Iser, Wolfgang. *The Act of Reading. A Theory of Aesthetic Response.* [1978] Baltimore, London: John Hopkins University Press, 1987.

Jaimes Freyre, Ricardo. [trad.] "Prólogo al poema Daphné". Emmanuel Signoret. *Revista de América* 1/3 (1894): 54-56.

_____ "Castalia Bárbara". *Revista de América* 1/3 (1894): 50.

_____ "Problemas de fonética resueltos según un nuevo método, por Eduardo de la Barra". *Revista de América* 1/2 (1894): 39-40.

_____ "La Divina Comedia. Versión del General Mitre". *Revista de América* 1/2 (1894): 38.

_____ "Mosaicos bizantinos". *Revista de América* 1/2 (1894): 29-30.

_____ "La poesía legendaria: Karl el Grande". *Revista de América* 1/1 (1894): 1-4.
Jouanny, Robert. "Les orientations étrangères au 'Mercure de France' (1890-1898)". *Revue d'Histoire Littéraire de la France* I (1992): 56-72.
Jrade, Cathy, L. *Modernismo, Modernity, and the Development of Spanish American Literature*. Austin: University of Texas Press, 1998.
Jullian, Philippe. *Dreamers of Decadence. Symbolist Painters of the 1890's*. Robert Baldick, trad. New York: Praeger, 1971.
"Julio Ruelas". [Anónimo] *Revista Moderna de México. Magazine mensual. Político, científico, literario y de actualidades* VIII/50 (1907): 126-27.
"Julio Ruelas". [Anónimo de *El Cojo Ilustrado*] *Revista Moderna de México. Magazine mensual. Político, científico, literario y de actualidades* X/61 (1908): 9-10.
La Biblioteca. Historia, Ciencias, Letras. Revista mensual dirigida por Paul Groussac. Año 1- tomo I. Buenos Aires: Librería de Féliz Lajouae, 1896.
"La cuestión social contemporánea". [Encuesta] *Revista de América* 1/1 (1894): 16-19.
"La Revista Moderna". [Reseña sobre *Revista Moderna*, por el *Mercurio de América*] *Revista Moderna. Arte y Ciencia* 1/10 (1898): 158.
"La Revista Moderna de México cumplió diez años de vida el 1 de Julio de 1908". [Aviso] *Revista Moderna de México. Magazine mensual. Político, científico, literario y de actualidades* IX/60 (1908): 323-25.
"La 'Revista Moderna' en el Japón". [Nota de la dirección] *Revista Moderna. Arte y Ciencia* III/10 (1900): 154.
Lalvani, Suren. *Photography, Vision, and the Production of Modern Bodies*. Albany: State University of Nueva York Press, 1996.
Le Gallienne, Richard. *The Religion of a Literary Man*. New York: G.P. Putnam's Sons/ London: Elkin Mathews and John Lane, 1893.
_____ *The Romantic 90's*. [1925] London: Putman and Co., 1951.
Leduc, Alberto. "De Viaje". *Revista Moderna. Arte y Ciencia* II/6 (1899): 178-80.
_____ "De Viaje". *Revista Moderna. Arte y Ciencia* II/5 (1899): 158-60.
_____ "De Viaje". *Revista Moderna. Arte y Ciencia* II/3 (1899): 93-5.
_____ "De Viaje". *Revista Moderna. Arte y Ciencia* II/2 (1899): 59-60.

_____ "De Viaje". *Revista Moderna. Arte y Ciencia* II/1 (1899): 26.
Lemaitre, Julio. "Myrrha". *Revista Azul* 3/16 (18 agosto 1895): 251-4.
_____ "Myrrha". *Revista Azul* 3/15 (11 agosto 1895): 237-9.
_____ "Myrrha". *Revista Azul* 3/14 (4 agosto 1895): 219-21.
_____ "Myrrha". *Revista Azul* 3/13 (28 julio 1895): 201-3.
Lewald, Ernest, H. "Aim and function of costumbrismo porteño". *Hispania* 46/3 (1963): 525-29.
Lisle, Leconte de. *Articles, préfaces, discours*. Edgar Pich, ed. París: Belles Lettres, 1971.
Lucas, Julio [Brocha Gorda]. "Buenos Aires pintoresco. La Boca". *Revista de América* 1/2 (1894): 26-28.
Lugones, Leopoldo. "La République Argentine et l'influence française". *Mercure de France* LXIII/222 (1906): 183-200.
Macedo, Pablo. "Discurso". *Revista Moderna de México. Magazine mensual. Político, científico, literario y de actualidades.* IX/55 (1908): 17-25 [publicado primeramente en *Revista Moderna. Arte y Ciencia* II/3 (1899): 66-7].
Martínez, José María. "El público femenino del modernismo: de la lectora figurada a la lectora histórica en las prosas de Gutiérrez Nájera". *Revista Iberoamericana* LVII/194-195 (2001): 15-29.
_____ "Introducción". *Azul*. [1888] *Cantos de vida y esperanza*. [1905]. Por Rubén Darío. José María Martínez, ed. Madrid: Cátedra, 2000. 11-89.
Matamoro, Blas. *La casa porteña*. Buenos Aires: Centro Editor de América Latina, 1971.
_____ *Rubén Darío*. Madrid: Espasa-Calpe, 2002.
Memoria. Coloquio Internacional Manuel Gutiérrez Nájera y la Cultura de su Tiempo. Yolanda Bache Cortés, et al. Eds. México: Universidad Nacional Autónoma, 1996.
Mercure de France. Fondé en 1672. Série Moderne. París: Societé du Mercure de France. Reprinted with the Permission of Mercure de France. Kraus Reprint Ltd. Vaduz, 1965.
Michaud, Guy. *Message poétique du symbolisme*. Vol. 2. *La revolution poétique*. Paris: Nizet, 1947.

Miró, José María [Julián Martel]. "El Anarquista". *Revista de América* 1/1 (1894): 11-16.

Mix, Katherine Lyon. *A Study in Yellow; the Yellow Book and its Contributors.* Lawrence: University of Kansas Press, 1960.

Molloy, Sylvia. "Diagnósticos del fin de siglo". *Cultura y Tercer Mundo 2. Nuevas identidades y ciudadanías.* Colección Nubes y Tierra. Beatriz González Stephan, ed. Caracas: Nueva Sociedad, 1996. 171-200.

_____ *La Diffusion de la Littérature Hispano-Américaine en France au XXe Siècle.* Paris: Presses Universitaires de France, 1972.

_____ "The Politics of Posing: Translating Decadence in Fin-de-Siècle Latin America". *Perennial Decay: On the Aesthetics and Politics of Decadence.* Liz Constable, Matthew Potolsky, and Dennis Denisoff, eds. Philadelphia: University of Pennsylvania Press, 1999. 183-97.

_____ "Ser y decir en Darío: el poema liminar de *Cantos de vida y esperanza*". *Texto crítico* 14 (1988): 30-42.

_____ "Too Wilde for Comfort: Desire and Ideology in Fin-de-Siècle Spanish America". *Social Text* 32 (1992): 187-201.

Monsiváis, Carlos. "Notas sobre la cultura mexicana del siglo XX". *Historia general de México. IV.* México: El Colegio de México, 1976. 303-476.

Montero, Oscar. "'Modernismo y degeneración': Los raros de Darío". *Revista Iberoamericana* LII/176-177 (1966): 821-34.

Mora, Gabriela. *El cuento modernista hispanoamericano.* Lima Berkeley: Latinoamericana Editores, 1996.

Morrison, Mark S. *The Public Face of Modernism. Little Magazines, Audiences, and Reception 1905-1920.* Madison: University of Wisconsin Press, 2001.

Nervo, Amado. "Los juegos florales". *Revista Moderna. Arte y Ciencia* V/2 (1902): 162-64.

Nietszche, Friedrich Wilhelm. "To Carl Fuchs". 26 August 1888. Letter 175. *Selected Letters of Friedrich Nietzsche.* Christopher Middleton, ed. y trad. Chicago: University of Chicago Press, 1969. 305-08.

"Nuestros propósitos". [Manifiesto] *Revista de América* 1/1 (1894): 1.

Núñez, Rafael. "Ángel caído". *Revista de América* 1/2 (1894): 25-26.

Olavarría y Ferrari, Enrique de. *Reseña histórica del teatro en México*. Vol. III [1880-1884]. México: Editorial Porrúa, 1961.

Olivares, Jorge. "La recepción del decadentismo en Hispanoamérica". *Hispanic Review* 48/1 (1980): 57-76.

Onís, Federico de. *España en América; estudios, ensayos y discursos sobre temas españoles e hispanoamericanos*. Río Piedras: Universidad de Puerto Rico, 1955.

Ortega, Bertin. "Gutiérrez Nájera y sus contemporáneos: afrancesamiento versus nacionalismo". *Texto Crítico* 14/38 (1988): 118-26.

Pacheco, José Emilio. "Prólogo". *Poesía modernista: una antología general*. México: Secretaría de Educación Pública/Universidad Nacional Autónoma de México, 1982. 1-15.

Palma, Clemente. "Los ojos de Lina". *Revista Azul* 5/13 (26 julio 1896): 195-98.

Parra, Porfirio. "Gabino Barreda". *Revista Moderna de México. Magazine mensual. Político, científico, literario y de actualidades* IX/55 (1908): 32-6.

_____ "La universidad libre en perspectiva. (Grandioso proyecto del señor Enrique Creel)". *Revista Moderna de México. Magazine mensual. Político, científico, literario y de actualidades* I/5 (1904): 332-36.

_____ "Discurso". *Revista Moderna. Arte y Ciencia* I/5 (1898): 70-1.

Paz, Octavio. *Los hijos del limo: del romanticismo a la vanguardia*. Barcelona: Seix Barral, 1974.

Pera, Cristóbal. *Modernistas en París: el mito de París en la prosa modernista hispanoamericana*. Berna/Nueva York: Peter Lang, 1997.

Perus, François. *Literatura y sociedad en América Latina: el modernismo*. México: Siglo XXI, 1976.

Phillips, Allen W. "A propósito del decadentismo en América: Rubén Darío". *Revista Canadiense de Estudios Hispánicos* 1/3 (1977): 229-54.

Piccato, Pablo. *City of Suspects: Crime in Mexico City, 1900-1931*. Durham: Duke University Press, 2001.

_____ "'El paso de Venus por el disco del sol': Criminality and Alcoholism in the Late Porfiriato". *Mexican Studies/Estudios Mexicanos* 2/2 (1995): 203-42.

Pierrot, Jean. *The Decadent Imagination. 1880-1900*. Derek Coltman, trad. Chicago: University of Chicago Press, 1981.

Pineda Franco, Adela. "El cosmopolitismo de la *Revista Moderna* (1898-1911): una vocación porfiriana". *La República de las Letras. Asomos a la cultura escrita del México decimonónico*. 3 vols. Vol. II. *Publicaciones periódicas y otros impresos*. Belem Clark de Lara y Elisa Speckman Guerra, eds. México: Universidad Nacional Autónoma de México, 2005. 223-38.

_____ "El afrancesamiento modernista de la *Revista Azul* (1894-1896): ¿Un arte decadente o una apología al progreso positivista?" *México-Francia: Memoria de una sensibilidad común*. Vol. I. Javier Pérez Siller, ed. México: Universidad Autónoma de Puebla/Universidad de San Luis Potosí, 1998. 395-415.

_____ "Positivismo y decadentismo: el doble discurso de Manuel Gutiérrez Nájera". *Modernidad, tradición y alteridad. La ciudad de México en el cambio de siglo (XIX-XX)*. Claudia Agostoni y Elisa Speckman, eds. México: Universidad Nacional Autónoma de México, 2001.

_____ "Ser o no ser decadente en la *Revista de América*". *Crítica Hispánica* 27/2 (2005): 65-78.

Poblete, Juan. "El Castellano: la nueva disciplina y el texto nacional en el fin de siglo chileno". *Revista de Crítica Cultural* 15 (1997): 22-7.

Prévost, Marcel. "Nuevas cartas de mujeres". *Revista Azul* 1/3 (20 mayo 1894): 39-41.

Prieto, Ignacio. "El canto del salvaje". *Revista Azul* 4/16 (16 febrero 1896): 250-2.

_____ "Una página de historia nacional". *Revista Azul* 2/5 (2 diciembre 1894): 72-3.

_____ "En el dolor". *Revista Azul* 2/4 (25 noviembre 1894): 62-3.

_____ "A mi hija María de edad de diez años". *Revista Azul* 1/13 (29 julio 1894): 196-7.

Quignard, Marie-Françoise. *Le Mercure de France. Cent un ans d'édition*. Paris: Bibliothèque Nationale de France, 1995.

Quirarte, Vicente. "Prólogo". *Mis Recuerdos. Manojo de Rimas*. Por Jesús Valenzuela. México: Consejo Nacional para la Cultura y las Artes, 2001. 13-40.

Raat, William D. *El positivismo durante el porfiriato*. México: Secretaría de Educación Pública, 1975.

Rama, Ángel. *Las máscaras democráticas del modernismo*. Montevideo: Fundación Ángel Rama, 1985.

_____ *La ciudad letrada*. Hanover: Ediciones del Norte, 1984.

_____ *Rubén Darío y el modernismo. (Circunstancia socioeconómica de un arte americano)*. Caracas: Ediciones de la Biblioteca de la Universidad Central de Venezuela, 1970.

Ramos, Julio. *Desencuentros de la modernidad en América Latina. Literatura y política en el siglo XIX*. México: Fondo de Cultura Económica, 1989.

Revista Azul. Manuel Gutiérrez Nájera y Carlos Díaz Dufóo, eds. 5 vols. México: Tipografía de El Partido Liberal, 1894-96. Edición Facsimilar. México: Universidad Nacional Autónoma de México, 1988.

Revista de América. Rubén Darío y Ricardo Jaimes Freyre, eds. 3 nums. Buenos Aires, 1894. Edición Facsimilar. Boyd G. Carter. Managua: Comisión Nacional para la celebración del centenario del nacimiento de Rubén Darío con la colaboración del Instituto Nacional de Seguridad Social, 1967.

Revista Moderna. Arte y Ciencia. (julio 1898-agosto 1903). 6 Vols. Jesús E. Valenzuela, director. Edición facsimilar. México: Universidad Nacional Autónoma de México, 1987.

Revista Moderna de México. Magazine mensual. Político, científico, literario y de actualidades. Jesús E. Valenzuela y Amado Nervo, directores propietarios. (México, septiembre 1903-junio 1911).

Revue Sud-Américaine. 8 vols. (15 julio 1882-13 julio 1890). Paris: La Révue.

Ribbans, Geoffrey W. "Las primeras crónicas hispanoamericanas del Mercure de France". *Revista Iberoamericana* XLII/96-97 (1976): 381-409.

Rivera, B. Jorge. *Los bohemios*. Buenos Aires: Centro Editor de América Latina, 1971.

"Roberto Montenegro". [Semblanza] *Revista Moderna de México. Magazine mensual. Político, científico, literario y de actualidades* IV/26 (1905): 123.

Rodó, José Enrique. "Rubén Darío, su personalidad literaria, su última obra". [Prefacio] *Prosas profanas y otros poemas.* [1896] Por Rubén Darío. París/México: Librería de la Viuda de Charles Bouret, 1901. 7-46.

Rodríguez Lobato, Marisela. *Julio Ruelas... siempre vestido de huraña melancolía: temática y comentario de la obra ilustrativa de Julio Ruelas en la Revista Moderna, 1898-1911.* México: Universidad Iberoamericana, 1998.

Rolland, Denis. *La crise du modèle français. Marianne et l'Amérique Latine. Culture, politique et identité.* Rennes: Presses Universitaires de Rennes, 2000.

Rueda, Salvador. "En la misa de gallo". *Revista Azul* 4/8 (22 diciembre 1895): 116.

_____ "La cofradía del silencio". *Revista de América* 1/1 (1894): 11.

Ruelas, Julio. *La llegada de Luján a la Revista Moderna. (Capricho al óleo de Ruelas [en poder de nuestro director Jesús E. Valenzuela).* [Ilustración] *Revista Moderna de México. Magazine mensual. Político, científico, literario y de actualidades* VIII/50 (1907): 79.

_____ *Homenaje a Jesús E. Valenzuela.* [Dibujo] *Revista Moderna. Arte y Ciencia* II/8 (1899): 256.

Samurovic Pavlovic, Liliana. *Les Lettres hispano-américaines au "Mercure de France" (1897-1915).* Belgrado: Faculté de Philologie de l'Université de Belgrado, 1969.

Sanín Cano, Baldomero. *Letras colombianas.* México: Fondo de Cultura Económica, 1944.

_____ "Le Sud-Amérique à Londres". *Revue Sud-Américaine* II/5 (1914): 273-74.

Sargent, Charles S. *The Spatial Evolution of Greater Buenos Aires, Argentina, 1870-1930.* Tempe Arizona: Arizona State University Press, 1974.

Sartorio [Seudónimo de autor no identificado]. "Notas de actualidad". *Revista Moderna. Arte y Ciencia* I/3 (1898): 47-8.

Scobie, James R. *Buenos Aires. Plaza to Suburb, 1870-1910.* New York: Oxford University Press, 1971.

Schneider, Luis Mario. *Ruptura y Continuidad. La literatura mexicana en polémica.* [1975] México: Fondo de Cultura Económica, 1986.

Showalter, Elaine. *Sexual Anarchy: Gender and Culture at the Fin de Siècle.* New York: Viking, 1990.

Schulman, Ivan A. *Génesis del modernismo. Martí, Nájera, Silva, Casal.* México: Colegio de México, 1966.

_____ y Manuel Pedro González. *Martí, Darío y el modernismo.* Madrid: Gredos, 1969.

Schwartz, Jorge y Roxana Patiño. "Introducción". *Revistas literarias/ culturales latinoamericanas del siglo XX. Revista Iberoamericana* LXX/208-209 (2004): 647-50.

Schwartz, Marcy. *Writing Paris.* Nueva York: State University of New York Press, 1999.

Sierra, Justo. "Discurso". *Revista Moderna de México. Magazine mensual. Político, científico, literario y de actualidades* IX/56 (1908): 67-76.

_____ "Prólogo". *Obras de Manuel Gutiérrez Nájera. Poesía.* México: Establecimiento Tipográfico de la Oficina Impresora del Timbre, 1896. iii-xvii.

_____ "El final de un prólogo". *Revista Azul* 4/22 (29 marzo. 1896): 344-47.

_____ "Fragmentos de un prólogo". *Revista Azul* 3/7 (16 junio 1895): 105-107.

_____ "El beato Calasanz". *Revista Azul* 2/1 (4 noviembre 1894): 8-20.

_____ [trad.] "En la última página de los *Poèmes Barbares*". Por Leconte de Lisle. *Revista Azul* 1/15 Bis (12 agosto 1894): 225.

_____ [trad.] "De los 'trofeos'". Por José María Heredia. *Revista Azul* 1/9 (1 julio 1894): 131-2.

_____ [trad.] "De los 'trofeos'". Por José María Heredia. *Revista Azul* 1/8 (24 junio 1894): 115-6.

_____ "En Jerusalén". *Revista Azul* 4/19 (8 marzo 1896): 287-90.

Speckman Elisa. "La prensa, los periodistas y los lectores (Ciudad de México, 1903-1911)". *Revista Moderna de México (1903-1911) II. Contexto.* Belem Clark de Lara y Fernando Curiel Defossée, eds. 107-42.

Stetz, Margaret D. and Mark Samuels Lasner. *The Yellow Book. A Centenary Exhibition.* Cambridge: The Houghton Library, 1994

Suárez Wilson, Reyna. "El 'Ateneo'". *Sociedades literarias argentinas.* Raúl Castagnino, ed. La Plata: Universidad Nacional de la Plata, 1967. 125-202.

Tablada, José Juan. "La mujer de Tjuang-Tsé". *Revista Moderna. Arte y Ciencia* IV/24 (1901): 378-80.

_____ "La gloria del 'Bambú'". *Revista Moderna. Arte y Ciencia* IV/6 (1901): 90-91.

_____ "La venus china". *Revista Moderna. Arte y Ciencia* IV/3 (1901): 54.

_____ "Un teatro popular". *Revista Moderna. Arte y Ciencia* IV/3 (1901): 45-48.

_____ "Praderas de Otoño". *Revista Moderna. Arte y Ciencia* IV/2 (1901): 27-29.

_____ "Cha-No-Yu". *Revista Moderna. Arte y Ciencia* III/24 (1900): 370-73.

_____ "El Castillo sin noche". *Revista Moderna. Arte y Ciencia* III/23 (1900): 357-59.

_____ "Un Matzuri". *Revista Moderna. Arte y Ciencia* III/22 (1900): 342-44.

_____ "Un entierro en el Japón". *Revista Moderna. Arte y Ciencia* III/21 (1900): 333-36.

_____ "Los templos de la Shiba". *Revista Moderna. Arte y Ciencia* III/20 (1900): 312-15.

_____ "En el país del Sol". *Revista Moderna. Arte y Ciencia* III/19 (1900): 290-93.

_____ "Cuadros de Extremo Oriente. Bacanal china". *Revista Moderna. Arte y Ciencia* III/18 (1900): 282-83.

_____ "Musa japónica". *Revista Moderna. Arte y Ciencia* III/18 (1900): 276-78.

_____ "En el país del Sol. Sitios. Episodios. Impresiones". *Revista Moderna. Arte y Ciencia* III/17 (1900): 257-61.

_____ "Hacia el país del Sol. Sitios. Episodios. Impresiones". *Revista Moderna. Arte y Ciencia* III/13 (1900): 200-203.

_____ "Album de Extremo Oriente. Los pintores japoneses". *Revista Moderna. Arte y Ciencia* III/9 (1900): 139-41.

_____ "Album de Extremo Oriente. A Hyoshio Furukava". *Revista Moderna. Arte y Ciencia* III/8 (1900): 114.

Tanabe, Atsuko. *El japonismo de José Juan Tablada*. México: Universidad Nacional Autónoma de México, 1981.

Tenorio Trigo, Mauricio. *Mexico at the World's Fairs*. Berkeley: University of California Press, 1996.

Torres Bodet, Jaime. *Rubén Darío. Abismo y cima*. México: Universidad Nacional Autónoma de México, Fondo de Cultura Económica, 1966.

Torres, Edelberto. *La dramática vida de Rubén Darío*. Guatemala: Editorial del Ministerio de Educación Pública, 1952.

Torres Rioseco, Arturo. *Vida y poesía de Rubén Darío*. Buenos Aires: Emecé Editores, 1944.

Torres Torija, Manuel. "Los poemas crueles de Urbina". *Revista Azul* 3/12 (21 julio 1895): 183-4.

Torri, Julio. "Prólogo". *Revista Moderna. Arte y Ciencia*. Edición facsimilar. México: Universidad Nacional Autónoma de México, 1987. IX-XIV.

Toussaint Alcaraz, Florence. *Escenario de la prensa en el Porfiriato*. México: Fundación Manuel Buendía, 1984.

Turcios, Froylán. "El Duque Job". *Revista Azul* 3/5 (2 junio 1895): 77-79.

Ugarte, Manuel. "Notas de México. Los escritores". *Revista Moderna. Arte y Ciencia* III/12 (1900): 183-84.

"Una mujer flaca, un sátiro y un cuervo. Sobre la tumba de Julio Ruelas". [Anónimo de *El Imparcial*] *Revista Moderna de México. Magazine mensual. Político, científico, literario y de actualidades* X/61 (1908): 31.

Unamuno, Miguel de. "De literatura hispanoamericana". *Revista Moderna. Arte y Ciencia* VI/12 (1903): 182-84.

Urbina, Luis G. "Una juventud". *Revista Azul* 3/6 (9 junio 1895): 83-91.

Urueta, Jesús. "Panegírico". *Revista Moderna de México. Magazine mensual. Político, científico, literario y de actualidades* IX/55 (1908): 3-7. [Aparecido en primera época: *Revista Moderna. Arte y Ciencia* II/3 (1899): 71-4].

_____ "Discurso". *Revista Moderna de México. Magazine mensual. Político, científico, literario y de actualidades* V/31 (1906): 14-22. [Aparecido en primera época: *Revista Moderna. Arte y Ciencia* IV/14 (1901): 218-21].

_____ "Almas paroxísticas". *Revista Moderna. Arte y Ciencia* III/22 (1900): 338-41.

_____ "Wanda de bonaza. La danza del vientre. Caín. Mi Sátiro. Una escena del evangelio". *Revista Moderna. Arte y Ciencia* III/19 (1900): 294-98.

_____ "La casa del pueblo". *Revista Moderna. Arte y Ciencia* III/18 (1900): 274-76.

_____ "M. Taine". *Revista Moderna. Arte y Ciencia* II/8 (1899): 233-4.

_____ "La revelación del eco. Recuerdos de Cuajimalpa". *Revista Moderna. Arte y Ciencia* I/5 (1898): 65-68.

Valdés, Héctor. "Estudio introductorio". *Revista Moderna. Arte y Ciencia*. Edición facsimilar. México: Universidad Nacional Autónoma de México, 1987. XV-XXXVIII.

_____ *Índice de la Revista Moderna Arte y Ciencia (1898-1903)*. México: Universidad Nacional Autónoma de México, 1967.

Valera, Juan. "A D. Rubén Darío". *Azul*. [1888] *Cantos de vida y esperanza*. [1905]. Por Rubén Darío. José María Martínez, ed. Madrid: Cátedra, 2000. 103-22.

Valenzuela, Jesús E. *Mis recuerdos. Manojo de Rimas*. Vicente Quirarte, ed. México: Consejo Nacional para la Cultura y las Artes, 2001.

_____ "Los modernistas mexicanos". *Revista Moderna. Arte y Ciencia* I/9 (1898): 139-43.

Vázquez-Rial, Horacio, ed. *Memoria de las ciudades. Buenos Aires. 1880-1930. La capital de un imperio imaginario*. Madrid: Alianza Editorial, 1996.

Wasserman, Renata Mautner. *Exotic Nations. Literature and Cultural Identity in the United States and Brazil, 1830-1930*. Ithaca: Cornel University Press, 1994.

Weber, Eugene. *France. Fin de Siécle*. Cambridge: Belknal Press/Harvard University Press, 1986.

Wellek, René. "What is Symbolism?" *The Symbolist Movement: A Critical Appraisal*. Anna Balakian, ed. New York: Random House, 1967. 17-28.
Wilde, Oscar. *Intentions*. [1891] Amherst: Prometheus Books, 2004.
Williams, Raymond. *Culture*. Cambridge: Fontana, 1981.
_____ *Problems in Materialism and Culture*. London: Verso, 1980.
Yurkievich, Saúl. "El efecto manifestario, una clave de modernidad". *Recreaciones: ensayos sobre la obra de Rubén Darío*. Ivan A. Shulman, ed. Hanover: Ediciones del Norte: 1992. 213-28.
Zamora Casillas, Yolanda. "Alacena publicitaria". *Revista Mexicana de Ciencias Políticas y Sociales* 28/109 (1982): 47-54.
Zanetti, Susana. *Rubén Darío en La Nación de Buenos Aires. 1892-1916*. Buenos Aires: Editorial Universitaria de Buenos Aires, 2004.
Zavala, Iris M. *Colonialism and Culture: Hispanic Modernisms and the Social Imaginary*. Bloomington: Indiana University Press, 1992.

www.ingramcontent.com/pod-product-compliance
Lightning Source LLC
Chambersburg PA
CBHW071411300426
44114CB00016B/2268